POUR LA FRANCE DE DEMAIN

L'Éducation
dans la Famille

INSTRUCTIONS AUX MÈRES CHRÉTIENNES

PAR

Monseigneur GOURAUD

Evêque de Vannes

Édition de Propagande
4e MILLE

VANNES

LAFOLYE FRÈRES
Place des Lices, 2

BUREAU DU SECRÉTARIAT
DES ŒUVRES
Rue Richemont, 18

1915

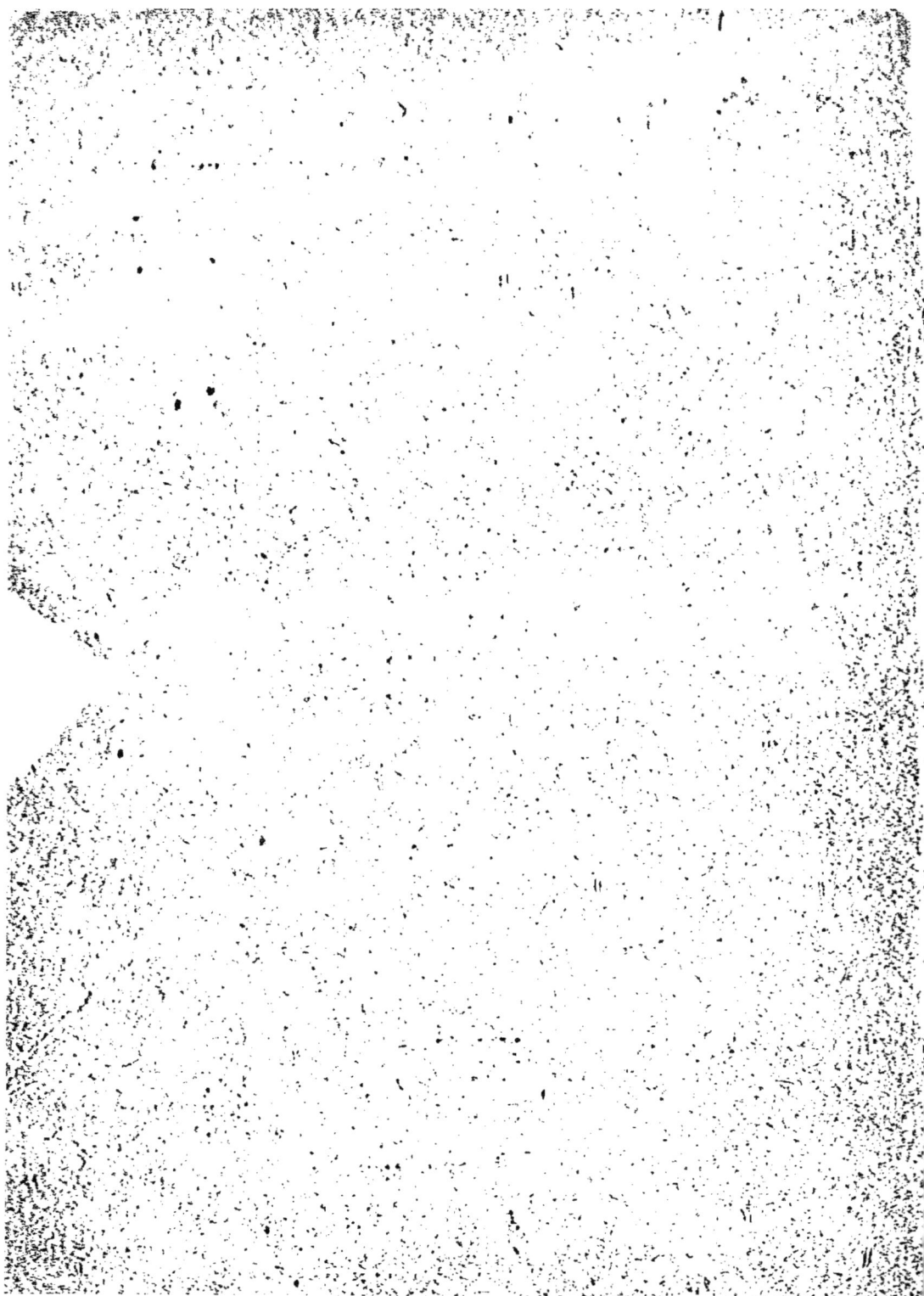

L'EDUCATION
DANS LA FAMILLE

DU MÊME AUTEUR

Pour l'Action Catholique

In-12, 3 fr. 50 (Librairie Beauchesne)

Notions élémentaires d'apologétique
chrétienne à l'usage des jeunes gens

In-12, 13ᵉ édition, 3 fr. 25 (Libr. Belin)

La Communion Solennelle des Enfants

In 8º, 1 fr. (Librairie Galles, Vannes)

Le Catéchisme des petits Enfants

In-4º, 0 fr. 25 (Libr. Lafolye, Vannes)

POUR LA FRANCE DE DEMAIN

L'Éducation
dans la Famille

INSTRUCTIONS AUX MÈRES CHRÉTIENNES

PAR

Monseigneur GOURAUD

Évêque de Vannes

Édition de Propagande

4e MILLE

VANNES

LAFOLYE FRÈRES

Place des Lices, 2

SECRÉTARIAT DES ŒUVRES

Rue Richemont, 18

1915

AUX MÈRES CHRÉTIENNES

POUR LA FRANCE DE DEMAIN

Au cours de la terrible guerre que soutient la France, l'espoir de la victoire définitive reste inébranlable. Les esprits vont même au delà de la victoire, et tous se posent la question : « Que sera la France d'après la guerre ? »

Il n'est personne qui ne compte sur une France nouvelle, fruit de nos sacrifices et de nos larmes, sur une France grandie par l'héroïsme de ses soldats et par les vertus de ses enfants. Les âmes chrétiennes espèrent une France régénérée dans le beau réveil religieux dont nous avons été témoins, et dans la féconde union qu'ont réalisée l'amour de la patrie et le sentiment du devoir ; La France sortira de ses épreuves, et elle témoignera de nouveau d'une vitalité que les maux de la guerre la plus longue n'auront pu atteindre.

Mais une fois rendue à elle-même, la France devra se donner à de nobles et lourdes tâches. Elle aura tout d'abord à réparer les désastres de la guerre, et à conserver la gloire qui s'accumule sur elle en ce moment; elle aura surtout à reprendre, pour la continuer, la mission séculaire que Dieu donna à notre nation, en en faisant la Fille aînée de l'Église.

A qui reviendra cette tâche? Elle sera celle des survivants de la grande guerre; mais elle sera surtout celle des enfants qui grandissent à vos foyers, ô mères françaises.

Vos enfants! Que de fois vous avez jeté les yeux sur eux, depuis le commencement de ce fléau de la guerre!

Ils sont votre principale sollicitude. En pensant à la terrible épreuve de ces autres enfants que des Barbares ont massacrés, ou chassés de leurs demeures, dans l'héroïque Belgique ou dans nos départements envahis, vous songez aux vôtres; vous priez Dieu de vous les garder. C'est pour eux que se battent nos invincibles défenseurs; et plus d'un père de famille est soutenu, loin des siens, par cette pensée que, s'il verse son sang, ce sang aura contribué à préserver ses enfants de la férocité de l'ennemi. C'est pour eux, mères de famille, que vous avez accepté les sacrifices d'une séparation qui vous prive d'un mari, d'un fils aimé.

Vous vous consolez, en saluant dans vos enfants l'espérance de jours meilleurs. C'est sur eux aussi que la France compte pour réparer les dévastations et les ruines de cette guerre, pour rendre à notre pays sa vitalité interrompue, pour redonner l'essor à ses affaires, pour rendre la joie à vos familles et pour garantir à la patrie sa sécurité et sa prospérité. Ils sont les défenseurs que vous destinez à la France de demain.

De toutes les leçons de la guerre, il n'en est pas de plus évidente ni de plus nécessaire à rappeler que celle-ci : Ces enfants, il faut les élever de manière qu'ils répondent au besoin que la France aura d'eux.

C'est bien ainsi qu'avaient élevé les leurs toutes ces mères dont l'héroïsme fournira l'une des plus belles pages de l'histoire de cette guerre. Si elles ont donné avec tant de générosité le sang de leurs enfants, c'est qu'elles leur avaient appris d'abord à donner eux-mêmes leur vie pour le salut de la patrie. Leurs sacrifices, leur résignation, leurs paroles resteront les plus belles leçons à méditer pour les mères qui feront la France de demain.

Il me semble que Dieu a voulu exalter de cette manière la grandeur de la maternité, dans un pays où beaucoup avaient bien plus considéré la charge que l'honneur, et trop souvent en avaient eu peur. L'héroïsme dans le devoir fait aimer celui-ci et entraîne les autres à l'accepter. Ce sera l'un des bienfaits providentiels des événements présents d'avoir ainsi rappelé les mères françaises à une acceptation plus généreuse d'une mission qui les associe au pouvoir créateur de Dieu. Elles ont été associées par l'épreuve à son pouvoir rédempteur, qu'elles le soient de plus en plus à sa Providence, dans l'œuvre de l'éducation.

La guerre ne vous aura pas appris de nouvelles méthodes. Il y a longtemps que vous connaissez les principes qui régissent cet art si difficile et que vous vous faites gloire de les mettre en pratique. Tout au plus la guerre vous aura-t-elle montré certaines défectuosités et certaines lacunes; elle n'aura fait que vous mieux disposer à accepter tout votre devoir et à le faire plus généreusement.

Vous y aurez puisé, en même temps qu'une plus vive reconnaissance pour l'honneur de la maternité, un plus ardent désir de donner à la France et à l'Eglise de vaillants et fidèles défenseurs.

C'est pour vous aider dans cette mission que, cédant au désir qui m'en a été exprimé, je vous offre, ensemble et dans un même volume, les instructions que ma charge pastorale m'a fourni l'occasion de faire entendre sur ce grave sujet.

On a bien voulu dire qu'un long passé, voué au service de l'enfance, me donnait quelques droits particuliers à en parler. Ici je ne rappellerai cette expérience que pour en mentionner la principale conclusion qu'on retrouvera dans mes Instructions : Aucun maître, aucune école, ne peut remplacer la famille dans la grande œuvre de l'éducation. C'est la famille qui a reçu la mission d'élever l'enfant ; elle peut et elle doit se faire aider, mais elle reste toujours la première responsable de ce grand devoir. C'est d'elle, de son action initiale, de son concours, que dépend le plus souvent le succès des autres éducateurs.

Si je pouvais jeter cette conviction dans l'âme des parents, j'aurais plus fait, pour la cause de l'éducation chrétienne, que par de longues années d'enseignement.

Dieu veuille me permettre d'espérer ce bienfait qui serait tout entier pour sa gloire !

25 mars 1915.

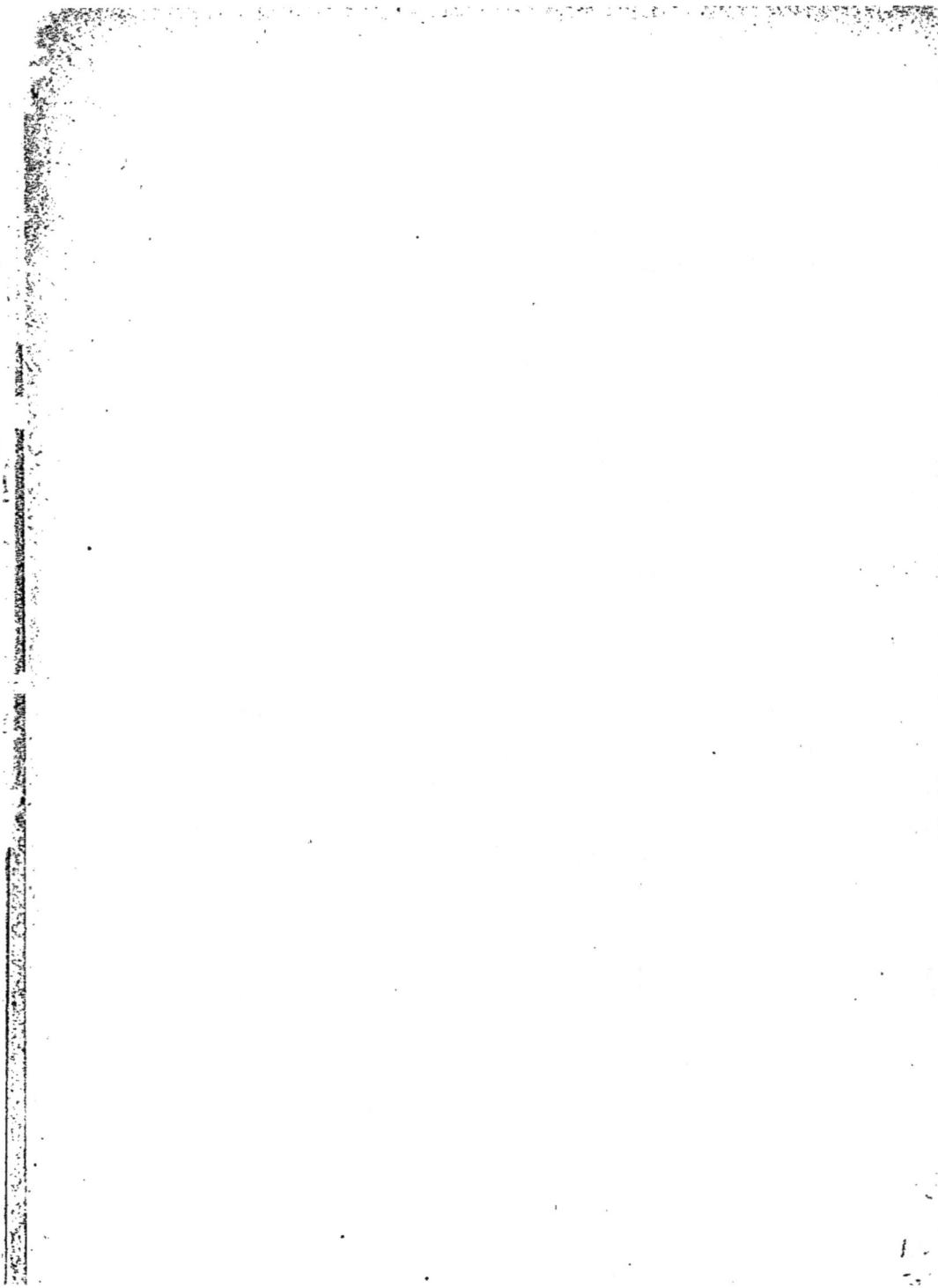

L'ÉDUCATION
DANS LA FAMILLE

INSTRUCTION PRÉLIMINAIRE

LA MISSION
DE LA MÈRE CHRÉTIENNE

I

LA COOPÉRATRICE DE DIEU

MESDAMES,

Si j'en excepte celle du prêtre, qui est toute divine, parmi les missions confiées à la fragilité humaine, je n'en connais pas de plus noble et de plus sublime que la mission de mère ; de même que je ne connais pas de nom plus beau après celui de Dieu. Par la dignité de son objet et par l'importance de ses effets, cette mission vous élève, Mesdames, au-dessus des défenseurs de la patrie, et elle vous vaut autant d'admiration que le dévouement et l'héroïsme de la sœur de charité.

La maternité fait de vous les coopératrices de Dieu.

Dans la création.

Elle vous associe d'abord à son action créatrice.

Dieu a créé cet enfant ; il l'a appelé à

l'existence, de préférence à beaucoup d'autres
qui étaient possibles mais qui sont restés
dans le néant. Dieu, qui a fait le ciel et la
terre de rien, pouvait lui donner la vie par
un seul acte de sa volonté toute-puissante,
mais il lui a plu de vous associer à lui pour
cette création. Il vous a donné quelque chose
de son pouvoir créateur, et c'est par vous
que cet être existe ; sans vous il n'existerait
pas.

Sans vous il ne se conserverait pas dans
l'existence reçue. Dieu interviendra, il est
vrai, pour le soutenir ; mais ici encore Dieu
ne veut agir que par votre ministère. Pendant de longues années vous devez à cet enfant vos soins assidus, et c'est l'un de vos
plus beaux titres de gloire que de savoir y
mettre ce dévouement, cette patience et
cette abnégation qui vous caractérisent, et
qui ne peuvent s'expliquer que par l'influence secrète, mais bien réelle, du Dieu
qui vous associe à sa Providence.

Mais là ne s'arrête pas votre coopération à
l'œuvre de Dieu.

✶

Dans la direction de la vie.

Cet enfant si faible n'a pas été jeté sur la terre pour y passer quelques années, et s'y éteindre ensuite, à la manière de ces étoiles qui sillonnent un instant la voûte des cieux et disparaissent dans la nuit. Dieu l'a fait pour vivre et pour vivre toujours.

Sans doute vous ne l'aurez pas toujours entre vos bras ou auprès de vous, car il n'est pas fait pour vous. Il est fait pour aller jouir près de Dieu d'un bonheur infini.

Mais ce bonheur, il ne l'atteindra qu'après avoir rempli lui-même sa mission, qui est de *vivre pour Dieu*, de *vivre conformément à ses lois*, et de vivre à une place déterminée *au service de la société qui l'entoure*.

Toute la vie de l'homme se ramène à ces trois termes : Dieu, lui-même et les autres. L'homme doit vivre en être religieux, en être moral, en être social.

Votre rôle, ô mères, est de le préparer à ces trois fins, c'est-à-dire de lui procurer dans son enfance tout ce dont il aura besoin pour être ce que Dieu veut qu'il soit.

En cela encore, vous n'êtes que les coopératrices de Dieu, chargées d'achever son œuvre.

✝

L'Action divine et la vôtre.

Rappelez-vous ce que Dieu a commencé de faire pour cet enfant qu'il vous confie.

Dans l'ordre naturel, il a mis en lui les germes des plus précieuses facultés ; mais il a compté sur vous pour cultiver ces germes et développer ces facultés, conformément à l'ordre moral qu'il a établi comme condition de notre bonheur éternel.

Dans l'ordre surnaturel il l'a comblé de toutes sortes de biens : il s'est incarné pour lui, il a souffert pour lui, il lui a prêté un ange pour le conduire, il lui a donné une Église, il lui a donné surtout sa vie divine, faisant ainsi pour lui infiniment plus que vous n'avez fait vous-mêmes.

Mais Dieu n'a pas voulu se passer de vous pour cela. Cette vie divine, c'est vous qui en déposez le germe dans cette âme d'enfant par le baptême que vous lui procurez, c'est vous qui le développez et qui le conservez, à l'aide des vérités de la foi que vous lui inculquez et de l'amour que vous lui inspirez pour son Père des Cieux.

Dans l'ordre social, Dieu l'a fait naître dans un monde qui l'attendait à son entrée dans la vie, comme pour se mettre à son service. Avant d'avoir rien fait, il a tout reçu de la société où Dieu l'a mis. C'est vous qui serez chargées de lui faire voir et de lui faire comprendre ce qu'il doit donner aux autres en retour. Dieu compte sur vous. pour le mettre à la place qui lui revient, et pour lui donner ce dont il aura besoin pour la remplir.

De quelque manière que vous envisagiez votre mission, vous êtes donc, Mesdames, les coopératrices de Dieu, les déléguées de Dieu près d'une créature. Votre fonction est de seconder l'action de Dieu, et même de la compléter.

Sublime mission que le langage humain est impuissant à exprimer ! Sublime mission qui suffit à la gloire de toutes les mères et qui leur donne la force d'accepter toutes les épreuves ! Sublime mission qu'on oublie ou qu'on trahit quand on ne travaille pas dans le sens de Dieu, c'est-à-dire quand on néglige de faire de l'enfant ce que Dieu en attend.

L'ÉDUCATRICE

MESDAMES,

Notre langue française exprime votre mission d'un beau mot. Elle dit que vous élevez un enfant. Élever ! qu'est-ce à dire ? C'est prendre à terre et porter en haut. Élever un enfant c'est le prendre dans la bassesse et les infirmités de sa nature et le faire monter aux plus sublimes hauteurs ; c'est le prendre dans son animalité, disons-le, et le faire monter jusqu'à l'homme ; c'est le prendre dans la servitude de Satan et en faire un fils de Dieu.

Y a-t-il une limite à cette ascension ?

Un jour Notre-Seigneur entouré d'enfants qu'il caressait et bénissait, en prit un entre ses bras et l'élevant au-dessus de la foule, il s'écria : « C'est pour eux qu'est le royaume des cieux. »

Le divin Maître nous marquait par là le but de toute éducation. C'est jusque-là qu'il nous faut *élever* et *porter* l'enfant. On le prend sur la terre, et on le fait monter au ciel.

Jamais temps ne fut plus fertile que le nôtre en discussions pédagogiques. Mais, chose triste à constater, toutes les réformes préconisées, tous les programmes péniblement élaborés, tous les systèmes vantés ont pour but de préparer au plus une existence de quelques années ; personne ne semble songer à former un homme immortel. C'est la prétention des éducateurs chrétiens de faire cet homme, car ils savent que l'enfant, quelque basse qu'ait été sa naissance, est fait pour l'éternité. Ce n'est pas l'élever complètement que de l'arrêter à mi-route. Pour le conduire au terme, nous l'élèverons au-dessus des misères de sa nature, nous l'élèverons au-dessus des passions et des jouissances de ce monde, nous l'arracherons à la terre, et nous le ferons monter jusqu'au ciel.

✝

L'éducation.

Comment se fera cette élévation ? Le beau mot de notre langue française, *éducation*, marque que notre œuvre, à vous mères

chrétiennes, et à nous prêtres, consiste à
faire sortir de l'enfant tout ce qui y est ren-
fermé, à développer tous les germes que
Dieu y a déposés.

Dans cet enfant que vous aimez, quoiqu'il
n'ait encore rien fait pour le mériter, il y a le
germe d'un homme et le germe d'un chrétien.
C'est vous, mères chrétiennes, qui les ferez
éclore et qui leur ferez porter des fruits d'une
richesse incomparable. Dans ce petit être si
fragile, il y a deux vies que vous avez le devoir de conserver et de développer, la vie
de la nature et la vie surnaturelle.

En face de cet enfant, vous vous posez
souvent la question qu'on se posait près du
berceau de Jean-Baptiste : « Que sera cet enfant ? » Il y a en lui les germes de toutes les
vertus et de toutes les grandeurs. Qu'en
adviendra-t-il ?

Il en adviendra, Mesdames, ce que vous
aurez voulu. Cet enfant sera ce que vous
l'aurez fait.

Terrible réponse, celle-là ! Les rares ex-
ceptions qu'elle comporte n'en atténuent
pas le poids accablant !

Les responsabilités et les gloires.

Je ne connais rien de plus effrayant pour le cœur d'une mère que cette responsabilité. Si cet enfant n'est pas ce qu'il devait être, c'est peut-être moi qui en serai la cause. Si je n'ai pas allumé dans son esprit le flambeau de la foi, si je n'ai pas mis dans son cœur l'amour de Jésus-Christ, si je ne lui ai pas appris à prier, si je n'ai pas cultivé la vie surnaturelle que Dieu lui avait donnée, si je n'ai pas formé et dirigé sa conscience, si à cause de moi il n'a pas rempli sur la terre le rôle que Dieu lui avait assigné, au jugement de Dieu il m'accusera peut-être de son malheur éternel. Qui peut y penser sans trembler ? C'est la plus terrible angoisse de tout cœur maternel.

Il est vrai que je me rassure pour vous, Mesdames, quand je vois que tous les grands Saints ont dû leur sainteté à leurs mères. Augustin converti vient se jeter dans les bras de Monique, il s'écrie : « Si je n'ai pas péri, c'est à vos larmes, à vos longues larmes que je le dois. Ma mère, je vous dois la vie. »

Quel beau livre à faire sur les Mères des Saints ! On l'a essayé, lisez-le.

En parcourant la vie de ces femmes illustres qui ont donné naissance aux Augustin, aux Grégoire de Nazianze, aux Grégoire de Nysse, aux Basile, aux Chrysostome, aux Grégoire le Grand, aux Bernard, aux François de Sales, vous verrez comment elles ont travaillé pour réaliser ce chef-d'œuvre qui s'appelle un Saint. Vous comprendrez mieux l'exclamation qu'arrachait au rhéteur Libanius la vertu d'Anthusa, mère de saint Jean Chrysostome : « Quelles femmes il y a parmi ces chrétiens ! » Vous puiserez dans ces exemples le désir de faire des Saints.

Les luttes et les immolations.

Il est vrai qu'il y faut soutenir des luttes redoutables.

Luttes contre les éléments physiques, auxquels il faut sans cesse disputer la vie de l'enfant. On est si fragile à cet âge, et si incapable de se défendre ! Il y a tant de maux à éloigner : la faim, la soif, la maladie, la douleur, que sais-je !

Luttes contre l'enfant lui-même, que des passions naissantes inclinent au mal, et qu'un caractère trop souvent rebelle rend plus difficile à diriger. C'est un être à refaire.

Luttes contre le monde, qui cherche à lui fausser l'esprit par ses pernicieuses doctrines, à capter son cœur par ses alléchantes jouissances, et à tourner sa volonté vers le mal en lui offrant tous les scandales.

Luttes contre vous-mêmes, Mesdames, pour faire violence à votre nature affectueuse et tendre, pour cacher ce que votre cœur a de plus délicat et de plus sensible, pour résister au découragement en face de l'insuccès de vos efforts.

La lutte devient bientôt une perpétuelle immolation pour le cœur de la mère. Immolation de sa tranquillité à des soucis continuels, immolation de sa volonté propre aux instincts capricieux de l'enfant, immolation de sa santé à des fatigues et à des préoccupations incessantes, immolation des relations dont elle s'était fait un besoin dans le passé, immolation des joies les plus douces du cœur et de l'esprit à des occupations souvent vulgaires, immolation des dédommagements qui lui seraient dus (et que personne ne lui accorde) par ceux qui la critiquent ou

qui la blâment, immolation des soutiens
et des consolations qu'elle aurait pu légi-
timement espérer et que personne peut-
être ne lui donnera.

✿

Les épreuves.

Votre dévouement est, dès cette vie, une
couronne de gloire ; mais la couronne des
mères a toujours quelque chose de l'auréole
du martyr : vous le savez bien.

L'épreuve s'ajoute aux immolations ; et
certes elle ne manque pas au cœur des
mères ! Elles sont sans doute bien rares parmi
vous, Mesdames, celles qui n'ont pas eu à
pleurer sur une tombe prématurément ou-
verte. Peut-être quelques-unes d'entre vous
ont-elles connu l'épreuve mille fois plus poi-
gnante qui associe tant de mères à la douleur des Moniques, en les forçant à pleurer
sur de nouveaux Augustins.

Oui, Mesdames, c'est jusqu'à la gloire du
martyre, que vous élève votre mission de
mères chrétiennes.

N'en soyez pas surprises. Vous êtes, avons-
nous dit, les coopératrices de Dieu. Ce sont
des âmes que Dieu vous donne à régénérer

et à sauver. Or, Dieu ne change pas ses moyens. C'est par le sacrifice que toutes les âmes ont été engendrées dans le christianisme, c'est par le sacrifice qu'elles doivent être régénérées et conservées. Coopératrices de Dieu dans l'œuvre de la création, vous l'êtes aussi dans l'œuvre de la rédemption. S'il a fallu du sang pour mériter le salut de vos enfants et le vôtre, vous ne refuserez pas vos larmes pour le leur conserver.

Vous donnerez ainsi à vos enfants et à tous les vôtres l'exemple du courage qui les soutiendra dans les épreuves à venir.

Soyez pour tous l'amour compatissant et la victime expiatoire, et si Dieu permet qu'il se trouve à votre foyer un cœur endurci dont vous attendiez le retour, consolez-vous dans cette pensée que l'heure des grandes douleurs est aussi l'heure des grandes miséricordes.

C'est dans ces sentiments que vous avez accepté votre mission, Mesdames, et que vous la remplissez. Je n'ai donc pas à vous exciter au courage.

Les instructions qui vont suivre n'ont pour but que de vous aider, en vous disant de quelle manière vous y prendre pour que votre courage et votre bonne volonté portent tous leurs fruits. J'essaierai de vous dire comment vous devez faire l'éducation *religieuse*, l'éducation *morale* et l'éducation *sociale* de vos enfants.

L'ÉDUCATION
DANS LA FAMILLE

I

L'ÉDUCATION RELIGIEUSE

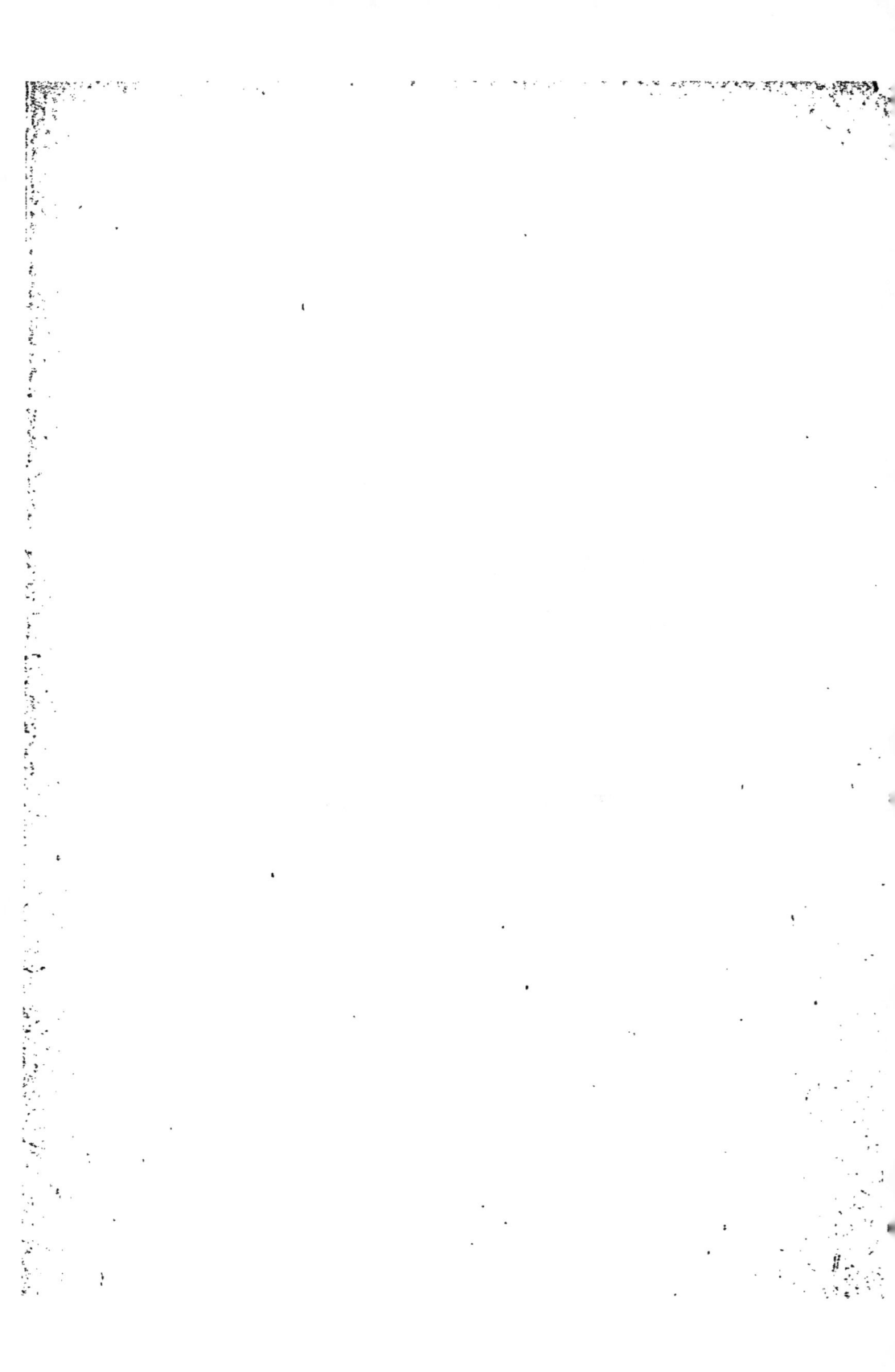

I

NÉCESSITÉ DE L'ÉDUCATION RELIGIEUSE DANS LA FAMILLE

MESDAMES,

A l'imitation de ces Israélites dont parle la Sainte Ecriture, qui, sous la conduite de Néhémias, tenaient l'épée d'une main pour se défendre, pendant que, de l'autre, ils reconstruisaient les murs de la cité, les catholiques de nos jours doivent, tout en se défendant, continuer l'œuvre de construction et d'édification de la cité de Dieu, qui est l'œuvre principale de l'Eglise. Ils ont l'obligation de faire, en chacun d'eux, un temple où Dieu habite ; ils ont l'obligation de se sanctifier et de travailler personnellement à leur propre salut et à celui des êtres dont ils ont la charge et la responsabilité. Ils doivent, autour d'eux, à leurs propres foyers d'abord, rendre à Dieu la place qui lui appartient. Quelle contradiction ce serait de vouloir défendre le royaume de Dieu au dehors contre ses ennemis, si on ne l'acceptait pas chez soi!

Reconnaissons humblement, Mesdames, que cette contradiction existe parfois ; reconnaissons surtout que beaucoup se lamentent sur l'impiété de notre temps et sur ses tristes conséquences, qui ne semblent pas s'apercevoir que cette impiété est en germe à leurs foyers, parce que Dieu n'y est plus assez le maître, et parce que l'enfant qu'on y élève ne grandit pas assez sous son regard et pour sa gloire.

C'est contre ce dernier mal que je voudrais vous prémunir, en vous rappelant, sur ce point, votre premier devoir : le devoir de donner à l'enfant, dans la famille, la formation religieuse à laquelle il a droit.

✝

Le droit de Dieu.

Qu'il soit nécessaire de donner à l'enfant une formation religieuse, aucune de vous, Mesdames, ne peut en douter. Pour vous en convaincre, il vous suffirait de vous regarder vous-mêmes, et de vous dire ce qui vous manquerait, si vous n'aviez pas reçu cette éducation, si vous n'aviez pas trouvé au

foyer de la famille une mère pleine de sollicitude et de piété, donnant à votre âme
la direction et les habitudes chrétiennes
dont vous avez vécu depuis. Si vous n'aviez
pas eu ces secours providentiels, que seriez-
vous ? Que seraient nos populations, si Dieu
n'en était pas le maître, connu de tous et
aimé de tous depuis longtemps ?

Ce que l'on a fait pour vous, vous le devez
faire pour ceux qui viennent après vous.

L'enfant qui naît à la vie appartient à Dieu
qui l'a créé ; c'est Dieu qui le confie à ses
parents, en leur disant de l'élever pour lui.

L'histoire sainte nous raconte que la fille
de Pharaon ayant rencontré le petit Moïse,
exposé sur les eaux du Nil par les ordres d'un
cruel persécuteur, recueillit l'enfant et le re-
mit à sa mère, en lui disant : « *Elève-le pour
moi* ». C'est la même parole que vous dit
Dieu, mères chrétiennes, toutes les fois qu'un
nouveau-né paraît à votre foyer : « Élève-le
pour moi. Cet enfant m'appartient, il est à
moi, puisque c'est moi qui l'ai créé ; il est à
moi, puisque, quand je voudrai, je le rappellerai à moi pour lui donner l'état définitif
qu'il aura mérité par sa vie. Je ne te le confie
que pour quelques années ; mais dans ma
pensée, il doit toujours vivre, et il doit être

heureux pendant toute l'éternité. Son bonheur dépend de toi. J'ai fait de mon côté tout
ce qu'il fallait pour qu'il aille au ciel : je me
suis fait homme pour lui, j'ai souffert et je
suis mort pour lui ; je lui ai donné mon
Église et mes sacrements : s'il veut en user,
il sera éternellement heureux. Il ne tient
qu'à toi, sa mère, de lui faire obtenir ce bonheur : il faut que tu lui apprennes ce que j'ai
fait pour lui ; que tu lui dises par quels
moyens il sera sauvé ; il faut que tu lui dises
ce qu'il doit faire pour moi ; il faut que tu
l'élèves véritablement pour moi. »

Voilà, Mesdames, exprimé aussi simplement que possible, le grand devoir de l'éducation religieuse de l'enfance.

✝

Le besoin de l'enfant.

L'enfant ne peut espérer aller à Dieu un
jour que si on lui apprend à connaître Dieu,
à l'aimer et à le servir.

Car il a besoin qu'on le lui apprenne ; il
ne le saura pas de lui-même.

Il ne saura pas de lui-même qu'un Dieu très
bon l'a créé, qu'un Dieu très bon est venu

sur la terre pour le sauver par ses souffrances et par sa mort, qu'un Dieu très bon continue de l'aimer de toutes sortes de manières ; il ne le saura pas, si on ne le lui dit pas, et, ne le sachant pas, il n'aimera pas ce Dieu et il ne le servira pas.

Si on ne lui raconte pas ce qu'il a fait sur la terre pendant les trente-trois années qu'il y a passées, si on ne lui explique pas les sacrements qu'il a institués pour le sanctifier et le sauver, si on ne lui fait pas connaître cette grande société qu'est l'Église, et à laquelle il faut appartenir de corps et d'esprit pour être assuré de son salut, comment se sauvera-t-il ?

Si on ne lui a pas fait contracter les habitudes de piété et de religion qui sont indispensables au service de Dieu, comment le servira-t-il ? L'enfant que l'on n'habitue pas à marcher, à lire et à écrire, ne marchera pas, ne lira pas, n'écrira pas. De même, l'enfant que l'on n'habitue pas à prier Dieu, ne le priera pas plus tard.

Il est inutile, me semble-t-il, Mesdames, d'insister sur ces vérités que vous admettez toutes.

S'il fallait vous donner d'autres preuves de la nécessité de cette formation religieuse,

vous n'auriez qu'à jeter les yeux sur ces
milliers d'enfants abandonnés, élevés en dehors de toute instruction et de toute pratique religieuse, qui sont la plaie de nos
villes et parfois de nos campagnes. J'aime
mieux porter votre pensée et la mienne sur
ces héroïques jeunes gens qui se sacrifient
en ce moment pour la patrie. Quelle que
soit leur origine, quelle que soit la variété
de leurs talents et de leurs qualités, ce qu'il
y a de meilleur en eux leur vient de leurs
mères. On dit que, frappés à mort, beaucoup
d'entre eux appellent leurs mères à leur
secours, comme le seul appui qui pourrait
encore leur être de quelque utilité. Tous
meurent en évoquant sa pensée ou son souvenir comme le meilleur des réconforts :
ils joignent votre nom à celui que vous leur
avez appris le premier, au nom de Dieu.
Ils meurent pour Dieu, pour leur pays et
pour leur mère !

Ainsi, jusque dans les plus durs sacrifices,
votre consolation est de vous dire que votre
enfant a été créé par Dieu et pour Dieu. Vous
ne l'avez reçu que pour le lui rendre quand
il viendra le chercher.

Un jour les Pharisiens voulant tenter
Notre-Seigneur lui présentaient une pièce

d'argent à l'effigie de César : « De qui est
cette image ? » leur dit le Sauveur. « De
César », lui répondit-on. « Eh bien ! reprit
le maître, rendez à César ce qui est à César,
et à Dieu ce qui est à Dieu. » — « De qui
est cette image ? » devez-vous souvent vous
dire, mères de famille, en contemplant vos
enfants. Votre foi n'hésitera pas à répondre :
« Elle est l'image de Dieu. » Rendez donc
à Dieu ce qui est à Dieu, vous dirai-je à la
suite du Sauveur.

LA PREMIÈRE ÉDUCATION RELIGIEUSE

MESDAMES,

Quand doit se faire l'éducation religieuse de l'enfant?

Faut-il attendre que l'enfant ait l'usage de la raison et puisse recevoir, des maîtres auxquels on le confiera, avec un enseignement plus développé, les notions dont il vivra toute sa vie?

Ce serait une grossière erreur, Mesdames.

✝

Insuffisance de l'école.

Telle est l'erreur des parents qui comptent uniquement, ou même principalement, sur l'école pour faire cette éducation religieuse.

L'école, même chrétienne, n'est destinée

qu'à seconder les efforts de la famille et à
remplacer celle-ci dans l'enseignement qu'elle
ne peut pas donner. Il arrive un âge, en
effet, où l'enfant ne peut plus trouver dans
la famille l'instruction, religieuse ou profane, qui lui est nécessaire; on lui choisit
alors des maîtres qui feront pour lui ce que
ses parents ne peuvent plus faire.

Mais il est des choses pour lesquelles les
maîtres les plus dévoués et les plus chrétiens
ne pourront jamais remplacer la famille. Le
prêtre même, auquel l'enfant sera confié un
jour, pour qu'il en reçoive une formation
religieuse plus complète, ne pourra rien
faire de durable, si cette formation n'a pas
été commencée par ses parents. Il y a des
habitudes de vie chrétienne qu'il faut avoir
contractées dès l'âge le plus tendre; il est
des notions religieuses que l'enfant ne pos-
sédera jamais complètement, si ce n'est pas
son père ou sa mère qui les lui ont apprises.

Ce serait abuser de l'école chrétienne
et des catéchismes que de compter sur eux
pour se dispenser d'un devoir qui demeure
toujours le devoir personnel des parents.

La raison en est que c'est au père et à la
mère que Dieu a confié l'enfant, c'est à eux
qu'il appartient de le lui conduire.

Dès le baptême.

Quand donc commencerez-vous cette éducation, mères chrétiennes?

Vous la commencerez, peut-on dire, dès le baptême. Voici comment.

Rien ne vous paraîtra négligeable dans l'acte qui fait le chrétien. Vous ne serez pas de celles qui retardent la réception du baptême, et privent ainsi l'enfant, pendant quelque temps, de la grâce qui lui est offerte. Votre esprit chrétien vous empêchera de faire du baptême une cérémonie cachée, et dépourvue des rites grandioses par lesquels l'Eglise symbolise l'appel à la grâce du nouveau-né et le consacre à Dieu : l'Eglise condamne la pratique des ondoiements faits sans nécessité.

Rien ne vous paraîtra négligeable dans la cérémonie.

Vous voudrez, pour parrains et marraines de vos enfants, des chrétiens fidèles, dont la vie ne démente pas les promesses et qui soient capables de vous suppléer, si vous veniez à manquer à vos enfants. En choisissant un nom pour ceux-ci, vous repousserez ces noms bizarres, ridicules ou prétentieux qui rappellent le paganisme ; vous préférerez toujours le nom d'un saint, dont, chaque année, votre enfant puisse dire, en célébrant sa fête, ce mot si joli : « C'est aujourd'hui ma fête. »

O mères chrétiennes, pour connaître votre devoir, rappelez-vous souvent le baptême de vos enfants. Rappelez-vous les émotions que vous éprouviez pendant que s'accomplissaient les rites sacrés. Vous comptiez, vous aussi, les *coups de la cloche baptismale*, comme dit un de nos grands écrivains (1) ; et, quand on vous rapportait un chrétien, des larmes d'attendrissement et de joie coulaient de vos yeux. Cet enfant n'était plus seulement le vôtre, c'était aussi l'enfant de Dieu. Vous ne lui aviez communiqué qu'une vie humaine, Dieu venait de lui communiquer sa propre vie. Il y avait, en effet, entre l'enfant sorti tout à l'heure de votre maison, et l'enfant de Dieu qu'on vous y ramenait des fonts baptismaux, la différence de la terre au ciel. En embrassant ce fils de Dieu, de votre cœur et de vos lèvres devaient s'échapper ces belles paroles qu'une sainte mère disait sur son enfant, ainsi divinisé : « O mon Dieu, confirmez ce que vous venez de faire dans

(1) Chateaubriand.

votre saint temple ; je vous offre cet enfant,
je vous l'offre de tout mon cœur ; il est à
vous plus qu'à moi. » Avec quel respect vous
posiez vos lèvres émues sur ce petit front qui
vous paraissait ceint de la couronne des élus !
Vous y mettiez la même piété qu'autrefois le père d'Origène à baiser la poitrine
de son fils, et à y adorer la présence de
Dieu.

Vous sentiez bien alors que cette vie divine, qui vous rendait si heureuse, vous
imposait la glorieuse mission de la conserver et de la développer, tout aussi bien
que la vie physique. Vous n'y avez pas
manqué.

✝

Le premier aliment.

De même, en effet, que la vie physique ré-
clame un aliment de très bonne heure, la
vie divine, elle aussi, ne supporte guère de
retard. Dès qu'un premier éveil de l'esprit
se manifeste chez l'enfant, il faut savoir en
profiter pour diriger cette petite âme vers
Dieu.

Elle y va, d'ailleurs, comme d'elle-même
et très facilement.

On ignore trop que le baptême lui confère de mystérieuses affinités avec les vérités chrétiennes ; il lui donne une foi virtuelle, une croyance infuse et mystérieuse qui suffit d'abord à sa subsistance jusqu'aux premières lueurs de la raison. Nous en avons un indice dans cette facilité merveilleuse qu'a l'enfant à s'assimiler les vérités religieuses ; il se tourne de lui-même vers ces vérités comme la plante vers le soleil. Mais, quand cette âme endormie s'éveille, quand elle perce les rayons de l'enveloppe matérielle qui la retient, comme il faut être attentif à ne pas lui laisser voir autre chose que Dieu ! On dit que la mère de saint Anselme, penchée sur le berceau de son fils endormi, contemplait son petit front, comme pour le couronner déjà de génie et de sainteté, et, dès que l'enfant ouvrait les yeux, elle lui montrait le Ciel.

Il faut lui parler de Dieu.

Il est un nom qui devrait être le premier sur les lèvres de l'enfant, c'est celui de Jésus ; il y amènera comme tout naturellement celui de Marie, sa mère. « Ces noms, dit un pieux écrivain, portent bonheur aux lèvres qui les prononcent, ils les parfument, ils les sanctifient, et, lorsqu'ils sont les premiers que l'enfant essaie de bégayer dans son ber-

ceau, on peut espérer qu'ils seront aussi éga-
ment les derniers qu'il redira sur sa couche
funèbre en partant pour les cieux (1). »

« Ce nom de Jésus, dit saint Augustin, je
l'avais amoureusement bu dans le lait de ma
mère... Les lèvres de ma mère me le répé-
tèrent longtemps, avant qu'il fût devenu le
désir et l'amour de mon cœur. »

C'est ainsi que le comprirent toutes les
saintes mères : Blanche de Castille voulait
que le premier mouvement de ses enfants
fût de marquer sur eux le signe de la croix ;
elle prenait leur petite main, la conduisait en
prononçant elle-même le nom de l'adorable
Trinité. La marquise de Castiglione, mère de
saint Louis de Gonzague, ne laissait pas passer un seul jour sans lui faire faire le signe
de la croix, et sans lui faire redire, avec
l'expression du respect et de l'amour, les
noms de Jésus et de Marie ; elle eut la joie
de les recueillir les premiers sur ses lèvres,
quand celles-ci parlèrent d'elles-mêmes.

Ces pratiques vous sont familières, mères
chrétiennes. C'est dans le même esprit que
vous aimez à suspendre, au berceau de vos
enfants ou à leur cou, la médaille de Marie,

_____

(1) Mgr Pichenot.

ou l'image de Jésus en croix. Que vous faites bien ! Ces premières impressions données à vos enfants sont ineffaçables. Dès l'aurore de leur vie, vous rapprochez en eux la foi et la raison, la grâce et la nature ; toutes deux grandissent en même temps ; il est bien à croire qu'elles ne se sépareront pas.

III

L'ÉVEIL DE LA PIÉTÉ ET DE LA FOI

MESDAMES,

L'union à Dieu constitue la *piété*. C'est à la mère que revient la mission de l'éveiller et de la former.

✳

Le don de Dieu.

Dieu en dépose le principe au cœur de l'enfant. Il en est, en effet, de la piété comme de toutes les autres vertus chrétiennes, de la charité en particulier : dans certaines âmes, elle paraît être un attrait spontané et comme naturel qui n'a guère besoin d'être stimulé par des raisons. Que ce soit par un don de la nature provenant du tempérament, ou que ce soit par un don de la grâce surnaturelle conféré par le baptême et fortifié par les autres sacrements, ces âmes sont naturellement pieuses ; elles embrassent sans

effort les pratiques de la piété, elles trouvent
de la joie dans les occupations de la religion
et elles s'élancent avec facilité vers le ciel.

Si vous rencontrez ce don de Dieu chez
vos enfants, mères chrétiennes, mettez tous
vos efforts à le garder et à le cultiver.

On peut dire qu'il est toujours en germe
au cœur de l'enfant, quoique à des degrés
différents. La mère n'aura guère qu'à développer ce germe, pour faire contracter à l'enfant des habitudes de piété.

C'est à sa mère, dona Béatrix, que sainte
Thérèse se reconnaissait redevable de sa
piété : « Le soin avec lequel ma mère nous
faisait prier Dieu, et nous inspirait de la dévotion envers Notre-Dame, ainsi qu'envers
quelques saints, excita dans mon âme comme
les premières étincelles de piété, à l'âge,
ce me semble, de six à sept ans. »

La prière de l'enfant.

Faire prier, tel est le grand moyen de développer la piété dans l'enfant.

Y a t-il rien de plus gracieux et de plus
ravissant qu'une mère apprenant à prier à

son enfant ? Quel beau tableau à faire ! Un
orateur chrétien l'a esquissé en quelques
lignes charmantes : « Le voilà à genoux,
votre petit enfant, sur vos genoux, comme
sur un prie-Dieu, ses petites mains sont dans
les vôtres, il appuie contre votre poitrine,
devenue pour lui un autel, sa tête de chéru-
bin qui regarde le ciel pour faire comme
vous. Parlez... il ne sait pas encore, mais il
répétera, et je vois l'oreille du Seigneur
penchée vers ce groupe ravissant pour recueillir une naissante prière, et reconnaître
la parole humaine à travers la prononciation
étrange, et les charmantes naïvetés qui la
défigurent (1). »

Les prières de l'enfant seront courtes
d'abord, car il n'est pas capable d'une
longue attention. On gravera quelques brèves
formules dans sa mémoire ; de temps en
temps on y ajoutera du nouveau, jusqu'à ce
qu'on soit arrivé à composer *sa prière*, celle
qu'il n'oubliera pas, celle qu'il récitera toute
sa vie.

Pendant longtemps peut-être ces formules
n'auront aucun sens pour lui ; mais, pour
Dieu, elles auront le sens voulu par sa mère.

(1) Mgr Pichenot.

Quelle joie pour celle-ci de penser qu'elle trouve ainsi deux organes pour exprimer sa prière : sa propre voix et celle de son enfant ! Au témoignage de l'Écriture, n'est-ce pas de la bouche de ceux qui ne parlent pas encore que Dieu reçoit ses plus parfaites louanges ? *Ex ore infantium perfecisti laudem.*

A mesure que s'ouvre l'esprit de l'enfant, on lui explique le sens des prières qu'il répète. Mais surtout on s'applique à les lui faire goûter. C'est le cœur qui doit prier, c'est Dieu qu'il faut faire aimer, c'est vers lui qu'il faut apprendre à l'enfant à se tourner, en toute occasion, dans la félicité pour le remercier, dans le besoin pour recevoir.

L'enfant qui aura puisé ainsi dans le cœur de sa mère la science de la prière, sera armé pour toute sa vie. « Quels que soient les défauts, je dirai même les vices naturels d'un enfant, écrit Mgr Dupanloup, s'il a quelque piété, si on peut ouvrir son cœur à la crainte et à l'amour de Dieu, tout devient facile avec du temps et de la patience ; et alors j'espère tout, non seulement pour le présent, mais pour l'avenir. »

« Je vivrais mille ans, disait Lamartine, que je me rappellerais toujours les prières ferventes de mon enfance religieuse... En retrouvant la piété, je retrouvais le calme dans mon esprit, l'ordre dans mon âme, la règle dans ma vie, le goût de l'étude, le sentiment de mes devoirs, la sensation des communications avec Dieu. » La piété, en effet, pour l'enfant, c'est tous ces biens ensemble. Doublement heureux est celui qui peut associer à ces souvenirs d'enfance celui de sa mère !

Le premier banc d'école.

Bien des fois, au cours de mes visites pastorales, j'ai aimé à rapporter cette belle parole d'un grand évêque du siècle dernier (1), contemplant et bénissant des enfants sur les bras de leurs mères : « Le premier banc d'école d'un enfant, disait-il, c'est le bras de sa mère. »

C'est là, en effet, que l'enfant doit s'instruire des premières vérités religieuses qui seront, toute sa vie, le fondement de sa piété ; c'est dans le cœur et sur les lèvres de sa mère qu'il doit les puiser.

(1) Mgr Berthaud, évêque de Tulle.

« Mon premier devoir, disait une femme
digne d'être proposée comme modèle à
toutes les mères, Virginie Bruni, mon premier devoir est d'instruire mes enfants, et
ce devoir je ne cesserai de le remplir qu'à
mon dernier soupir. »

Vous n'ignorez pas, Mesdames, que l'enfant ayant atteint l'âge de raison doit connaître un certain nombre de vérités, sous
peine d'être exposé à manquer son salut.
Quel malheur ce serait si ces enfants ve-
naient à mourir avant d'avoir acquis ces con-
naissances nécessaires !

Je suggère là un examen redoutable à faire
pour certaines mères, qui laissent grandir
leurs enfants dans l'ignorance des vérités es-
sentielles ou des principales prières. Quelle
responsabilité elles assument ! C'est une
faute de ne pas assez instruire ces petits
enfants pour leur procurer le bienfait d'une
absolution, et la grande grâce d'une première communion précoce ! C'est une négligence coupable de laisser ces enfants étrangers à la connaissance des principaux
mystères de notre foi, à la pratique des
trois vertus théologales, à la signification de
nos cérémonies saintes, aux conditions re-
quises pour recevoir les sacrements de Péni-

tence, d'Eucharistie et d'Extrême-Onction.

N'allez pas dire, ô mères, que l'âge trop jeune de vos enfants est un obstacle insurmontable. Combien de pères et de mères aspirent à faire de leurs enfants de petits prodiges d'érudition, pour leur vanité, et qui négligent de préférer leur instruction religieuse à cette érudition, ou au moins de lui faire sa place légitime !

Qu'il est facile pourtant de donner cette instruction ! Au point de vue naturel, vous connaissez tous la merveilleuse aptitude des enfants à suivre et à comprendre les récits d'histoire. Pour faire l'instruction religieuse des enfants, il suffit de profiter de cette aptitude et de leur raconter la religion, laquelle n'est qu'une histoire.

Une grâce particulière, d'ailleurs, prépare l'âme des enfants à cette étude.

Tous ceux qui ont voulu remplir leur devoir ont constaté avec quelle facilité, avec quelle précocité même, les petits enfants peuvent être initiés aux choses de la foi.

Chez quelques-uns parfois, cela a tenu du prodige, par exemple, chez une sainte Marie-Madeleine de Pazzis, qui, à cinq ans, faisait le catéchisme aux autres enfants de son âge, et qui se penchait sur la poitrine de sa

mère, le jour où celle-ci communiait, pour
être plus près de son Jésus, disait-elle ;
chez une sainte Jeanne de Chantal qui, à
cinq ans, combattait les hérétiques de son
temps.

Chez tous, le baptême apporte, comme
nous l'avons dit, une très grande affinité
pour les vérités religieuses : il serait coupable de ne pas en profiter.

L'anémie religieuse.

D'autant plus que, quand cette première
éducation est manquée, il est difficile d'y
suppléer ensuite. L'esprit de l'enfant reste
à l'état d'une terre qui n'a pas été assez
remuée, la semence n'y germe pas. Son
âme ressemble à une plante fragile qui n'a
pas reçu assez tôt les soins qui devaient le
faire vivre, elle s'étiole ; on pourra prolonger un peu son existence, il sera bien difficile
de la lui conserver.

N'est-ce pas là ce qui explique cette sorte
d'anémie spirituelle dont souffrent un si
grand nombre de jeunes gens et de jeunes
filles, à un âge où la vigueur de la foi inspire

à d'autres tant d'enthousiasme et d'héroïsme
chrétien !

Prenez garde, ô mères, si vous laissez
votre enfant trop longtemps sans cet aliment
divin, quand vous voudrez le lui donner ou
le lui faire donner par d'autres, il croira
pouvoir s'en passer, comme ces malades qui
semblent n'avoir plus besoin de manger ; il
se dira peut-être qu'il ne lui est pas nécessaire, puisqu'il a pu si longtemps vivre sans
lui.

Qui sait, au contraire, si, pendant que
vous attendez, d'autres semences ne seront
pas jetées dans cette âme, qui rendront
impossible toute autre culture ?

IV

LA VIE EUCHARISTIQUE

Mesdames,

Le terme immédiat auquel doit aboutir ce travail de la première éducation religieuse de l'enfant, c'est sa *première communion.* Saint Charles Borromée disait : « L'éducation des enfants n'est rien autre chose que leur acheminement vers le Christ. » Quelle place dès lors n'occupe pas, dans cette grande œuvre, la première rencontre de l'enfant avec Jésus-Christ ! C'est déjà le but de l'éducation atteint, quoique incomplètement réalisé encore ! C'est la première étape dans ce voyage vers Dieu ! C'est la première halte, toute de repos et de consolation, dans le chemin de la vie ! C'est la première récompense accordée aux peines et aux labeurs de la mère ! C'est le réconfort qui lui permettra de continuer son œuvre jusqu'au bout, avec un courage persévérant !

✝

Les communions d'enfants.

Pourquoi donc tant de parents hésitent-ils encore à entrer résolûment dans la voie que vient de leur ouvrir la charité toute pater-nelle de Pie X, et à faire communier de très bonne heure leurs petits enfants, c'est-à-dire dès qu'ils ont atteint l'âge de raison, par con-séquent aux environs de leur septième année ?

N'est-ce pas priver leurs enfants de grâces incomparables et qu'ils n'ont pas le droit de leur refuser ? N'est-ce pas se priver eux-mêmes des secours précieux que rien ne pourra remplacer ? Comment ne croient-ils pas que leur tâche sera bien facilitée, si Jésus-Christ est le premier à prendre pos-session de ces petites âmes, avant que le mal y ait fait son entrée ?

Craindraient-ils que l'enfant ne fût pas digne de recevoir son Dieu ? Personne n'en est digne à proprement parler, Dieu le sait bien, et il se donne quand même, ne de-mandant que l'absence de péché grave et une intention droite. Qui réalisera le mieux ces conditions, sinon cette âme d'enfant qui n'a jamais fait le mal, et qui ne voit autre chose, dans cet acte de la première communion, que la joie de recevoir son Dieu ?

Mères chrétiennes qui en avez déjà fait l'expérience, dites donc aux autres le bonheur que vous ont procuré ces communions d'enfants, faites, pour ainsi dire, dans l'intimité de la famille, faites sous votre regard et en votre compagnie. Jamais vous n'avez senti votre tâche aussi allégée.

Vous avez constaté le secours que vous apportent ces communions souvent renouvelées, quand vous savez les faire désirer et les préparer ; vous trouvez déjà peut-être vos enfants plus pieux, plus dociles, plus respectueux ; et, lors même que vous n'auriez pas pu juger encore de cet effet des sacrements, — lequel peut bien ne pas se produire immédiatement, — vous savez quels puissants moyens d'action vous donne, sur vos enfants, la pensée de leur rencontre avec Dieu.

☥

La préparation eucharistique.

Alléguerez-vous, ô mères, votre crainte de ne pas assez bien préparer ces chers enfants ? Ne soyez pas plus exigeantes que l'Eglise ! Vous savez qu'elle ne leur demande

qu'une connaissance très élémentaire des
vérités religieuses, de celles dont je vous
rappelais plus haut la nécessité, et que j'ai
dites si faciles à être enseignées par la mère.
Quand vous lui aurez appris cela, et que
vous lui aurez dit qu'il existe pour son âme
une nourriture, comme il y en a une pour
son corps ; quand vous lui aurez dit qu'on
va à Jésus comme lui va à sa mère, qu'il lui
est aussi réellement présent qu'elle, quoique
caché, que craindriez-vous ?

Non, ne craignez pas, Mesdames. Il faut
en finir avec ces préjugés jansénistes qui
ont laissé à tant d'âmes la peur de l'Eucharistie. Il faut en finir avec l'indifférence de
tant de parents qui, pour s'épargner un
souci immédiat, ne se mettent pas en peine
de procurer à leurs enfants la nourriture
qui les ferait vivre.

Mères chrétiennes, donnez donc une éducation eucharistique à vos enfants : faites-
leur connaître de bonne heure ce don de
Dieu ; envoyez-les souvent le visiter ; rap-
pelez-leur ce qu'il y a derrière la porte du
tabernacle ; faites-leur comprendre en quoi
sa réalité sacramentelle diffère des repré-
sentations qu'offrent à leurs yeux les images
des Saints ; faites-les toujours prier d'abord

devant le Saint-Sacrement ; apprenez-leur à parler à Jésus-Christ, comme à Celui qui les aime le plus, puisqu'il est prêt à se donner à eux. Tout naturellement vous leur ferez désirer de le recevoir ; cherchez dans ce désir le principal appui de vos recommandations.

Quand votre enfant aura communié une première fois, conduisez-le souvent à la table sainte, fixez-lui vous-mêmes une intention à chaque fois ; apprenez-lui à se servir lui-même de ses communions pour devenir meilleur. Vous verrez combien l'Eucharistie aura de retentissement sur sa vie tout entière ! Jésus-Christ s'emparera de son être. Vous n'aurez plus qu'à le faire croître en lui.

V

DÉVELOPPEMENT
DE L'INSTRUCTION RELIGIEUSE

MESDAMES,

Tout ce que nous avons dit jusqu'ici suppose surtout l'intervention de la mère. C'est à elle qu'appartient l'éducation du plus jeune âge. Si elle se fait aider dans cette charge, elle en garde toute la responsabilité, et, de ce chef, pèse sur elle *l'impérieux devoir de surveiller et de diriger les auxiliaires* qui l'assistent. Que de fois des lèvres étrangères ont détruit l'œuvre maternelle !

S'il arrive aussi que la mère soit absente du foyer, soit que la mort l'ait ravie trop tôt, soit que la maladie ne lui permette plus d'y remplir sa mission, l'enfant devra trouver dans sa mère adoptive les mêmes soins attentifs que sa mère véritable lui aurait donnés.

✝

Les maîtres.

Mais, en dehors de ces secours spéciaux au premier âge, *l'éducation religieuse reste le devoir de tous* au foyer de la famille.

Cette éducation se ramène à deux choses surtout, à la *formation de l'esprit* et à la *formation du cœur* : la première est donnée par la science religieuse, la deuxième engendre la piété. L'une et l'autre ne doivent trouver que des auxiliaires, habiles et dévoués, à un foyer chrétien : tout doit y parler de Dieu et porter à Dieu, les exemples et les paroles.

Sans doute, comme nous l'avons déjà dit, il arrivera un moment où l'instruction religieuse ne pourra pas se donner complètement à la maison ; c'est à *l'école chrétienne* que le père et la mère seront obligés de l'envoyer chercher. Vous savez toutes, Mesdames, quelles redoutables responsabilités soulève chez nous cette question de l'école. Ce n'est pas l'Église qui a suscité cette question. Elle ne demandait qu'à continuer les traditions de la France sur ce point ; ce sont ses ennemis qui nous ont imposé un changement, et qui ont mis au cœur des mères tant d'angoisses ; il ne faut pas l'oublier.

La question étant posée, vous savez comment elle se résoud ; c'est l'obligation pour tout parent chrétien de procurer le bienfait de l'école chrétienne à son enfant, toutes les fois que des raisons graves ne l'en empêchent pas. La raison de cette obligation est dans ces deux vérités : 1° les parents sont obligés de donner l'éducation chrétienne à leurs enfants ; 2° en fait, l'école chrétienne est seule à la donner.

Le manque d'école chrétienne ou certaines raisons graves, qui en rendent la fréquentation moralement impossible, obligent les parents à en chercher ailleurs et à en trouver l'équivalent. C'est pourquoi là où l'école chrétienne n'existe plus, il leur faudra, s'ils ne peuvent pas y suppléer eux-mêmes, demander l'instruction religieuse à ces personnes charitables qui, chez nous, veulent bien assumer la charge de catéchistes volontaires.

C'est surtout près du *prêtre* que se complète l'instruction religieuse de l'enfance ; car, dans l'Église, c'est au prêtre seul, à proprement parler, qu'a été conférée la mission d'enseigner la vérité chrétienne. Ceux qui, en dehors de lui, donnent cet enseignement, n'ont guère pour fonction que de

lui préparer les voies, ou tout au plus de
l'aider dans ce sublime ministère, par une
sorte de délégation consentie par l'Église,
quand elle n'est pas imposée par les lois
mêmes de la nature.

L'estime de la science religieuse

Ici, quels seront les devoirs de la famille ?
D'abord, la famille devra *professer la plus
haute estime pour l'instruction religieuse*
donnée aux enfants.

Cette estime paraîtra dans la vigilance
qu'on exercera sur leur assiduité aux cours
de Catéchisme, et dans l'empressement qu'on
mettra à les y envoyer, de très bonne heure
et régulièrement, lors même que ces cours
ne sont pas strictement imposés par les rè-
glements du diocèse et de la paroisse.

N'est-il pas lamentable de voir certains
parents dispenser leurs enfants du Catéchisme, sous prétexte de leur faire rapporter
un petit profit, par un travail qu'on n'a
pas le droit de leur imposer ? Pour une
pièce d'argent, ils vendent l'âme de leurs
enfants.

D'autres, dans certains milieux, semblent disposés à la vendre pour des occupations plus frivoles, pour des parties de plaisir, ou pour des enseignements profanes auxquels on donne la préférence sur l'instruction religieuse.

Chez quelques-uns, le temps consacré à l'instruction religieuse de l'enfant apparaît comme une période qu'il faut raccourcir le plus possible ; on subit le Catéchisme comme une nécessité gênante dont on cherche à se débarrasser au plus tôt.

Cet état d'esprit est déplorable ; il témoigne, chez ceux qui l'ont, un mépris de leurs devoirs essentiels ; il autorise chez les enfants toutes les négligences et toutes les défections.

✝

Le concours donné au prêtre.

Pourtant ce n'est pas assez dire : à l'estime de l'instruction religieuse les parents devraient joindre le *concours le plus empressé pour le prêtre* qui a la mission d'élever leurs enfants.

Ce concours consiste à préparer les voies au prêtre par l'étude faite à la maison de la leçon du catéchisme, et à le soutenir dans sa difficile mission, en s'associant aux encouragements et aux réprimandes qu'il croit pouvoir donner.

Mais il consiste surtout à confirmer son enseignement en toute occasion.

L'enseignement religieux, en effet, ne se donne pas seulement à des heures déterminées ; il doit se faire partout, par conséquent aussi bien chez vous qu'à l'école ou à l'église ; il doit se renouveler sans cesse et à toute occasion, et se prolonger longtemps. L'instruction religieuse est, comme l'instruction profane, soumise aux outrages du temps et de l'oubli, et il est nécessaire de réparer continuellement les lacunes d'une science qui doit présider aux destinées de toute la vie.

L'étude en famille.

L'*étude religieuse en famille* doit se continuer même dans un âge plus avancé, parce que quelques questions demandent, pour être étudiées, une maturité plus grande que celle qu'on apporte sur les bancs de l'école ou du catéchisme. Il est nécessaire alors de

chercher ce complément d'instruction dans
des livres sérieux ; dans des revues ou journaux catholiques.

Heureuses les familles où le père peut, en
ces matières, se faire le guide éclairé de ses
fils !

Ce sera toujours aussi le rôle de la mère.

Partout la mère est proclamée au foyer
l'arbitre des questions religieuses. Est-ce
un droit que lui donne sa science, ou est-ce
une convention ? C'est l'un et l'autre. Il faut
garder ce droit et cette convention.

On pardonne à la femme de ne pas savoir
ce que l'homme connaît dans le domaine
des sciences profanes, on se plaît à proclamer sa compétence en matière religieuse.
C'est à elle qu'on demande, dans la famille,
la solution des difficultés d'ordre religieux;
on ne comprendrait pas qu'elle ne pût pas
les résoudre. Ce rôle serait exagéré si, en
le lui attribuant, on voulait dispenser les
hommes de leurs devoirs sur ce point. Mais,
quoi qu'il en soit, cet honneur qui est fait aux
mères leur crée une double obligation : celle
de préparer leurs jeunes filles à cette si délicate mission, par une instruction religieuse
plus soignée, et celle d'inspirer partout autour d'elles l'amour des questions religieuses.

Il y avait autrefois, au foyer des familles chrétiennes, certains livres préférés dont on lisait quelques pages en commun le soir, avant ou après la prière qui termine la journée. C'était l'*Évangile*, un catéchisme de persévérance ou une Vie des Saints ; quelques pieuses mères y joignaient l'*Imitation de Jésus-Christ*.

Cet usage ne tend-il pas à disparaître chez nous ? Quelle belle œuvre, et combien digne de votre zèle, mères chrétiennes, ce serait de le faire refleurir à votre foyer !

Vous y maintiendriez un milieu religieux et vous y entretiendriez la piété.

———

VI

DÉVELOPPEMENT DE LA PIÉTÉ

MESDAMES,

La piété ! voilà le but à atteindre dans la formation religieuse de l'enfant. La piété ! c'est-à-dire cette disposition permanente, cette tendance à aimer Dieu, à le prier, à le servir en toutes manières, voilà ce qui fait le chrétien !

La piété vient de plusieurs sources.

Elle doit s'appuyer sur la connaissance de Dieu et de ses mystères. Puisque, en résumé, c'est la pratique de l'amour de Dieu, il faut bien connaître Dieu pour l'aimer. Sachant combien Dieu l'a aimé, l'enfant l'aimera mieux en retour.

A cause de cela, l'instruction religieuse est indispensable pour former et pour maintenir la piété. Les réflexions faites sur les vérités religieuses achèvent de l'affermir.

Mais la piété s'appuie aussi sur des habi-

tudes de vie contractées de bonne heure, et
surtout sur la pratique de la prière.

Toutefois, la piété ne consiste pas uniquement dans la récitation de quelques formules de prières ; elle est bien plutôt, je le
répète, un état d'âme habituel, une disposition permanente d'amour de Dieu, dont les
prières sont la simple manifestation.

✝

L'atmosphère de piété.

C'est pour cela que la vraie manière de développer la piété au cœur de l'enfant est de
lui faire, au foyer de la famille, un milieu
de piété, *une atmosphère de piété* qui crée
comme naturellement en lui des habitudes
pieuses ; et à cette œuvre toute la famille
peut et doit concourir.

Les appartements ornés d'objets de piété,
de crucifix, d'images, le feront penser à
Dieu ; les entretiens pieux le porteront vers
Dieu. La fréquentation de l'église, l'assis-
tance aux belles cérémonies lui donneront
ce que j'ose appeler le *sens eucharistique*. La
participation aux grandes manifestations de
foi du peuple chrétien, les récits de l'Histoire

Sainte et de la Vie des Saints achèveront de
créer pour l'enfant cette atmosphère de piété
qui entretiendra sa vie.

Plus l'enfant grandira, plus cette atmosphère lui sera indispensable ; d'autant plus
que, au dehors, il sera exposé à respirer un
air malsain dont l'atmosphère de la maison
paternelle doit corriger les périlleux effets.

Plus il avancera en âge, plus il aura besoin de respirer un air fortifiant. Les pratiques enfantines de la piété ne lui suffiront
plus ; il faudra lui prêcher et lui faire pratiquer les grandes vertus du christianisme.

C'est alors qu'il lui sera nécessaire de trouver dans la famille les exemples qui le sou-
tiendront et achèveront de le former.

Quels précieux avantages pour lui, s'il
vit au sein d'une de ces familles patriarcales
comme on en compte encore beaucoup dans
notre Bretagne, une de ces familles où Dieu
tient toujours et partout la première place,
où l'on n'y vit et n'y travaille que pour Dieu.

Il en devrait être ainsi partout.

✝

Le sanctuaire de la famille.

Chaque foyer devrait être un sanctuaire ;
et le père de famille devrait en être le prêtre
puisqu'il est le représentant de Dieu. Le
père n'a-t-il pas charge d'âmes par rapport
à son épouse et à ses enfants ? N'est-il pas
de droit le défenseur et le gardien des intérêts de Dieu vis-à-vis de ceux qui l'entourent ? N'a-t-il pas, par conséquent, le devoir de lui procurer l'adoration, les remer-
ciements, l'expiation et les prières de toute
la famille ?

Hélas ! qu'est devenu ce sacerdoce, à un
trop grand nombre de foyers ? S'y exerce-t-il
encore ? Le famille, qui se réunit si souvent
pour les repas, les soirées, les fêtes, les
visites à faire ou à recevoir, se réunit-elle pour Dieu, le premier ami et le
grand bienfaiteur ? Se réunit-elle pour lui
payer un tribut d'amour et de reconnaissance ?

Tous les intérêts y sont communs quand il
s'agit des choses de la terre : quand il s'agit
des choses de Dieu et de sa religion, les
membres d'une même famille ne paraissent-

ils pas trop souvent étrangers les uns aux autres ?

Qu'est devenu le dimanche, sinon un jour de dispersion pour toute la famille? Alors qu'autrefois c'était partout le jour du Seigneur, célébré en commun dans ces deux seuls sanctuaires : la maison paternelle et l'église.

✝

La prière en famille. Sa beauté.

Une de mes plus grandes consolations est de savoir la fidélité d'un grand nombre à la *prière en commun*.

Quel beau spectacle, en effet, offre la famille réunie, à l'heure où s'achève la journée ! Quelle sublime et quelle inoubliable leçon donnée à l'enfance, dans cette prière faite en commun !

Laissez-moi vous dire le magnifique tableau qu'en fait un prince de l'Eglise (1), vous vous-y reconnaîtrez peut-être : « Les ombres du soir sont descendues sur la terre ; les travaux du jour ont cessé ; la nuit invite au repos : c'est l'heure où la famille chrétienne

(1) Cardinal Giraud.

s'assemble pour prier. Tous les membres qui la composent sont exacts à ce rendez-vous de l'adoration et de l'action de grâce : le père et la mère, leurs fils et leurs filles, les serviteurs et les servantes : tous enfin, depuis l'aïeul couronné de cheveux blancs jusqu'au petit enfant qui essaie d'articuler ses premiers sons. Les voilà tous humblement agenouillés devant l'image du Dieu Sauveur, précieuse et chère relique léguée par les ancêtres, dont elle a aussi entendu les vœux et béni les larmes. La mère, apôtre de la famille, comme le père en est le prêtre, prononce à haute voix les oraisons saintes, tous les assistants y répondent en chœur. Chœurs émules, sur la terre, des concerts des anges dans le ciel et dont le pieux murmure monte vers Dieu comme la fumée de l'encens, et remplit toute la maison d'une odeur d'édification et de vertu. »

C'est la mère qui prie ; c'est son droit, elle a tant souffert et tant aimé, elle est médiatrice entre Dieu et les siens. Les autres lui répondent, pour continuer sa prière : « Notre Père qui êtes aux cieux »; dit-elle. « Donnez-nous aujourd'hui notre pain quotidien... » continuent les enfants. « Je vous salue, Marie.., » reprend-elle. « Sainte Ma-

rie, priez pour nous... » lui répond-on. « Je
confesse à Dieu tout-puissant... », et tous
ses enfants de répondre avec elle : « C'est
ma faute. » Dans ce sublime dialogue, on
entend la voix faible et tremblante du vieil-
lard, la parole aiguë de l'enfant, la voix
ferme du jeune homme, l'accent modeste de
la jeune fille, la voix forte du père, faisant
écho à la parole émue de la mère.

O mères, s'il vous a été donné de réaliser
ce tableau à votre foyer, n'est-il pas vrai que
c'est en ce moment que vous avez le plus
aimé vos enfants, que vous avez été le plus
fières de votre titre maternel ? N'avez-vous
pas senti toutes les affections de la famille
se ranimer alors en vous et autour de vous ?
S'il y avait eu quelque nuage au cours de la
journée qui s'achève, la prière l'a dissipé et
a rendu à tous la paix avec l'amour.

✝

Ses bienfaits.

On dirait qu'avec le bonheur de l'aimer,
Dieu accorde à ceux qui s'unissent pour le
prier, le bonheur de s'aimer les uns les
autres avec une inaltérable tendresse.

« Quand deux ou trois personnes se réunissent pour prier en mon nom, dit le Seigneur Jésus, je suis au milieu d'elles. » Il est au milieu d'elles pour leur communiquer son amour, et, avec son amour, sa lumière et sa force.

Cette lumière et cette force, il les donnera surtout, mères chrétiennes, à vos chers enfants.

Ce jeune homme qui prie à vos côtés est léger et déjà bouleversé par ses passions, sa prière est languissante et faible. Rassurez-vous ; en priant avec lui, votre prière s'unira à la sienne et la portera jusqu'au trône de Dieu. Cet autre vous fait trembler, les orages se sont déjà conjurés contre lui ; c'est pour vous êtes agréable qu'il prend part à la prière commune ; il reste indifférent et frivole. Ne désespérez pas, il y a près de vous un petit ange qui, par son innocence et sa fervente prière, obtiendra grâce pour son aîné.

Dans une page émue, Louis Veuillot a raconté (1) l'impression salutaire produite en son âme par l'une de ces prières de famille, à laquelle, n'étant pas encore chrétien, il assista par pur devoir de convenance.

_____

(1) *Rome et Lorette*, c. VI.

« Ces accents de tendresse élevés vers le ciel, dit-il, ces protestations de foi, d'espérance et de charité ; cet examen de conscience sur le mal commis envers Dieu, envers le prochain et envers nous-mêmes, ce pardon demandé pour toutes les fautes de la journée ; cette nuit qui commence placée sous la protection de l'ange gardien ; ces vœux de la fraternité catholique, pour les parents, pour les amis, pour les pauvres, les prisonniers, les malades, les agonisants, pour les ennemis, pour tout ce que l'on doit chérir et pour tout ce qui souffre dans le monde ; ce pieux souvenir donné aux morts ; ces vieilles prières de l'Église enchâssées, comme des pierres précieuses, dans l'or pur de tant de supplications aimantes ; le *Pater*, si plein d'abandon et de filiale confiance ; le *Credo*, si vaillant et si robuste de foi ; l'*Ave*, qui mouille les yeux de pleurs, c'était cela que souhaitait mon âme, c'était la pleine lumière que j'attendais ; et toute la douce paix du chrétien, cette paix tant cherchée, cette paix que je niais parce que je ne la pouvais comprendre, me fut expliquée par un jet éblouissant de foi et d'amour. »

Heureuses familles où jaillissent ainsi chaque soir, dans une fervente prière, la foi et l'amour! La paix y est assurée, et avec la paix le salut pour tous.

Jamais, Mesdames, vous ne pourrez imaginer, pour vos enfants, de meilleure école de piété. Ils ne sont pas à l'âge où l'on sent le besoin de la paix ; mais cet âge viendra, et avec lui viendront peut-être les troubles, les incertitudes, les angoisses d'un cœur qui cherche sa voie. Ils se rappelleront le foyer de la famille et l'heure de la prière. Rien qu'à le revoir ils revivront les jours d'autrefois. Car, de même qu'après nos offices sacrés, il reste dans le lieu saint un parfum d'encens qui fait penser à Dieu, de même au sanctuaire de la famille, embaumé par la prière, il reste un parfum de piété qui excite à y revenir, comme à la vraie source de la paix et de la félicité.

VII

LES INSUCCÈS
DE L'ÉDUCATION RELIGIEUSE

Mesdames,

Pour achever de dire ce que doit être la formation religieuse de l'enfant, il me faut aller maintenant au-devant de vos objections, et répondre surtout à la grande préoccupation qui paralyse beaucoup d'efforts : « C'est une œuvre bien difficile et dans laquelle on éprouve *tant d'insuccès !* » dit-on souvent, pour s'excuser de sa négligence ou de sa faiblesse.

La grande épreuve.

En effet, la plus grande épreuve d'un père et d'une mère est *l'insuccès de l'éducation donnée.*

Ils avaient rêvé de faire de leur enfant une créature aussi parfaite et aussi digne de Dieu

que possible, et leurs efforts ont été sans
résultats. Un moment, leurs espérances
avaient paru se réaliser : certains événements
de la vie de leur enfant, comme sa première
communion, les avaient remplis de joie
et de consolation. Un jour tout leur a paru
s'écrouler.

Cela ne s'est pas fait tout d'un coup. Le
regard perspicace de la mère remarque d'a-
bord certain dégoût des choses religieuses,
une négligence progressive des devoirs ha-
bituels de religion, un éloignement plus ou
moins rapide de Dieu.

Pauvre mère, si tu pouvais pénétrer plus
avant, tu verrais qu'à ces actes encore ac-
complis extérieurement il manque quelque
chose, le feu sacré nécessaire, l'amour de
Dieu. Cet amour ne pénètre plus la vie de
ton enfant, il n'a déjà plus autant de crainte
d'offenser Dieu ; la pensée de Dieu est sans
influence sur son travail, sur ses affections,
sur sa conduite. Ses lèvres et son cœur surtout vont cesser de prier, son orgueil va
grandir, et peu à peu sa grande préoccupation va être la recherche de la jouissance.
Sous l'influence de la piété maternelle,
cette âme s'était donnée à Dieu ; sous l'influence des passions, elle va chasser Dieu et

devenir l'esclave de toutes les servitudes.

Voilà, Mesdames, la grande épreuve des familles chrétiennes.

Les remèdes.

Elle ne doit décourager personne, parce que, d'une part, il est impossible qu'une vraie formation religieuse soit sans effet, et qu'elle aboutisse à une ruine complète ; d'autre part, pour ramener à Dieu le cœur d'un enfant qui l'a chassé, une mère chrétienne peut toujours lui montrer par sa propre piété, par ses vertus, comment Dieu mérite d'être aimé, et il semble bien qu'elle ne le fera jamais sans succès. A toutes celles qui connaissent les épreuves d'une sainte Monique, il est permis de redire la parole de saint Ambroise à la mère d'Augustin : « Le fils de tant de larmes ne peut pas périr. »

Si le mal de l'indifférence religieuse ou de l'impiété laisse trop souvent la famille désarmée et impuissante, quand il a déjà fait ses ravages, il n'est pas rare qu'on puisse le prévenir et l'empêcher, en prévoyant les *causes qui l'engendrent*, et en y portant remède.

Ces causes sont nombreuses, il ne m'est

pas possible de les indiquer toutes ici. Les
plus redoutables sont celles qui viennent
des passions. C'est dans son cœur que l'im-
pie commence à nier Dieu, ce n'est pas dans
son esprit : tout au moins, son impiété trouve
des complices dans les affections désordon-
nées de son cœur et dans la mollesse de son
caractère. S'il plaît à Dieu, nous verrons plus
tard quel est le rôle de la famille sur ce point.

Pour m'en tenir au sujet que je me suis
imposé, je me contente de rappeler, Mesdames, qu'une *éducation erronée* et *incomplète* explique bien des insuccès dans la formation religieuse de l'enfant.

✟

La piété feinte et superficielle.

La piété qu'on lui a suggérée n'a pas été
une piété sincère ; c'était peut-être une *piété
feinte*, comme il arrive quelquefois chez
ceux qu'on a habitués à agir sous l'influence
de la crainte, ou sous l'excitant de l'éloge.
Pour échapper à ce qu'il redoute, ou pour se
procurer les récompenses qu'il désire, l'enfant prend parfois un masque de piété qu'il
déposera bientôt.

Pour prévenir cette hypocrisie de la piété, la préoccupation des véritables éducateurs doit être de la faire pratiquer pour Dieu, et d'en favoriser l'initiative. « Il faut, dit Fénelon, amener l'âme à aimer Dieu avec une simplicité d'enfant, avec une familiarité tendre, avec une confiance qui charme son bon Père. »

Il est plus facile qu'on ne pense généralement de donner à l'enfant cette initiative de la piété. Cela n'empêche pas, quand il est jeune, de le guider dans les exercices de cette piété ; mais de bonne heure il faudra l'habituer à les pratiquer de lui-même. Ce sera le germe d'une piété sincère.

En l'amenant ensuite à la pratiquer généreusement, même au prix de quelques sacrifices, vous l'empêcherez d'avoir cette contrefaçon de la piété qu'est une *piété de surface*, de simple apparence : sa piété sera vraiment la *dévotion*, c'est-à-dire le dévouement à la cause de Dieu. Par amour pour Dieu, il se dévouera à son service et au service du prochain. L'habitude de ce dévouement ne se perdra pas en lui, quand il l'aura fait entrer dans sa vie.

✝

La piété erronée.

Certaine piété ne dure pas dans le jeune homme, parce qu'*elle ne repose pas* sur un fondement solide, sur la *vraie doctrine de l'Eglise* : elle repose sur une vague senti-mentalité, sur une apparence de religion, parfois même sur des superstitions. Comment pourrait-elle demeurer ?

Elle *repose même parfois sur une erreur*. Combien chez nous ont été autrefois éloignés de la sainte Table par un faux respect pour la Sainte Eucharistie ? N'existe-t-il pas encore des mères assez imbues de préjugés pour ne pas permettre les communions de leurs petits enfants ? Comment ces petits enfants devenus grands iraient-ils demander un aliment qu'on leur a dépeint si difficile à mériter ? Comment, devenus hommes, ne se croiraient-ils pas autorisés à ne pas rechercher une grâce qu'on leur a représentée comme une récompense, alors qu'elle est surtout un besoin, l'Eucharistie étant une nourriture indispensable à la vie chrétienne !

C'est par une erreur semblable que certaines mères font de la confession une sorte d'épouvantail pour leurs enfants, les mena-

çant à chaque faute dés foudres des confes-
seurs. Mères imprudentes, qui changent la
confession en véritable supplice, parfois
même en sacrilège, et qui on font rejeter la
pratique à l'âge où l'enfant est devenu son
maître !

La vérité est le fondement de la piété.
C'est souvent parce qu'on a faussé cette vérité dans son enfance, que la raison du jeune
homme ne la reconnaît plus dans les pratiques
qu'on veut lui imposer.

✝

Dieu défiguré.

*On a défiguré Dieu devant son âme d'en-
fant,* en lui laissant croire que la religion
chrétienne doit être pratiquée avec crainte
et tremblement. C'est avant tout la religion
d'amour. Sans doute, il ne faut pas laisser
ignorer la justice divine à l'enfant : rien
n'est plus efficace pour l'éloigner du mal;
mais, après une faute commise, rappelez-lui
surtout l'amour de Dieu méconnu et demandant encore à se manifester sous la forme de
la miséricorde. Sans cela l'enfant sera de
nouveau tenté de secouer un joug qu'il trouvera trop onéreux pour ses faibles épaules.

On a défiguré Dieu devant cette âme d'enfant en exagérant les pratiques de piété : des exercices trop longs et trop austères lui ont donné le dégoût des choses pieuses. Assurément, il faut combattre la mollesse et inspirer le sacrifice ; mais la piété d'un enfant ne peut pas être égale à celle de sa mère.

On a défiguré Dieu en mêlant la mondanité à la religion. Quelle impression religieuse un enfant peut-il garder d'une première communion qui n'a guère été, pour les siens, que l'occasion d'une réunion mondaine, et, pour lui, l'occasion de cadeaux nombreux ? Quelle idée peut-il conserver de la sainteté du dimanche, quand, dans son milieu réputé chrétien, il l'a vu servir à la fois à la piété et aux fêtes les plus profanes ?

Dans un temps où s'affiche la neutralité religieuse, le danger de voir Dieu défiguré est partout : dans les institutions, où Dieu n'a plus droit de cité ; dans les écoles, où l'on défend de parler de lui ; dans les livres d'où son nom est banni ; dans les conversations où Dieu est attaqué et blasphémé ; dans les sociétés tout entières qui veulent vivre comme si Jésus-Christ n'avait jamais existé. Comment un jeune homme pourrait-il échapper à tant d'ennemis ?

Il lui *faut l'appui et l'autorité d'un foyer chrétien* sachant refuser à l'erreur toute concession et tout compromis.

Il lui *faut surtout continuer à étudier* Dieu. Dieu étant autour de nous le grand oublié, le grand inconnu, le jeune homme, la jeune jeune fille ont besoin qu'on le leur montre sans cesse, dans des lectures solides et instructives, dans les pratiques pieuses du foyer chrétien, et dans des manifestations extérieures et publiques de foi qui parlent à l'imagination et au cœur et qui les enflamment.

Ne dirait-on pas que, dans certains milieux, après avoir montré Dieu au petit enfant, on s'applique à le lui cacher, au fur et à mesure qu'il grandit ?

Faut-il s'étonner, après cela, que l'insuccès et la ruine soient l'aboutissant de tant d'éducations qu'on voulait religieuses ?

VIII

UNE GARANTIE DE PERSÉVÉRANCE

Mesdames,

La persévérance dans les convictions et dans les pratiques religieuses, tel est le succès que vous attendiez de l'œuvre de l'éducation. Nous avons dit les causes qui expliquent aujourd'hui beaucoup d'insuccès, et par là même la non persévérance d'un grand nombre d'enfants.

L'individualisme religieux.

Il en est une plus universelle que les autres, et qui renferme l'explication de beaucoup de défections dans la jeunesse de notre temps ; c'est *l'individualisme de la vie religieuse*. L'enfant est trop habitué à être religieux tout seul, et pour lui seul : sa piété a un caractère trop personnel, et ses préoccupations chrétiennes ne vont pas assez au

delà de son intérêt individuel, quelque légitime qu'il puisse être.

Il en résulte que l'enfant, en grandissant,
se trouve souvent un isolé au milieu des
autres. A certains jours, il en arrive à se demander s'il n'est pas une exception ; bientôt il
est tenté de se dire qu'il pourrait se tromper.
Souvent il le dit, lorsqu'il est victime de l'in-
tolérance ou des mauvais exemples d'autrui.

Tous ceux qui ont travaillé à l'éducation
de la jeunesse reconnaissent qu'une des plus
fortes tentations qu'aient à repousser les
jeunes gens chrétiens, est celle qui leur vient
de leur isolement ou de leur infériorité nu-
mérique dans certains milieux.

Cette tentation est souvent aussi celle de
la jeune fille : sa vanité, qui la poussé tant
à se singulariser, fait aussi parfois qu'elle en
a une peur excessive. Cela semble contra-
dictoire, mais c'est un fait qu'elle est très
portée à l'imitation d'autrui, en même temps
qu'à la singularité, aussi bien dans sa piété
que dans sa toilette.

Pouvez-vous quelque chose, Mesdames,
contre ce terrible écueil ?

Je crois qu'une mère l'aura rendu moins
redoutable, si elle sait donner à son enfant
un *esprit vraiment catholique.*

✠

L'esprit catholique.

J'ai dit, Mesdames, un *esprit vraiment catholique*. Par là je veux dire quelque chose qui s'ajoute à l'esprit simplement chrétien et à la piété. Un esprit catholique sera celui qui se préoccupera d'être religieux avec l'Église catholique, et selon les règles de l'Église catholique. Il ne verra pas, dans ses convictions et dans ses pratiques, la seule satisfaction de ses meilleures inclinations, ni même simplement la garantie de son salut personnel. Il y verra sa manière de participer aux avantages et aux œuvres de cette société qu'on appelle l'Église catholique.

Beaucoup de chrétiens de nos jours font trop de leur vie religieuse une affaire privée, alors qu'elle devrait être un acte public. Sans doute, Notre-Seigneur Jésus-Christ aurait pu vouloir que chaque âme reçût les grâces de la Rédemption directement de sa munificence divine, sans le secours d'une société qui en possédât le dépôt avec la mission de les distribuer. Mais ce n'est pas ainsi que Dieu en a décrété. En recevant la vie divine par le Baptême, l'enfant devenu chré-

tien est inscrit au nombre des membres
d'une société dont il fera toujours partie, et
dont il partagera les charges et les bienfaits,
tant qu'il voudra en observer les lois. Sa
vie religieuse se consommera au sein de
cette société ; elle consistera à en suivre
toutes les règles, et à en pratiquer toutes les
observances.

Cette vie sera surbordonnée à l'autorité
des chefs qui régissent cette société, du
Pape et des Évêques ; elle ne vaudra rien,
si l'on a la prétention de s'éloigner d'eux. La
grâce divine elle-même ne viendra à l'âme
que par leur intermédiaire.

Jamais, par conséquent, l'esprit vraiment
catholique ne cherchera à vivre en dehors
de l'Église. Il regardera celle-ci comme la
grande famille à laquelle Dieu l'a incorporé.
Il l'aimera à ce titre d'une affection aussi res-
pectueuse que dévouée. Il souffrira de la voir
attaquée et persécutée, parce qu'il prendra
toujours sa part de ses souffrances et de ses
joies. Il la défendra toujours de tout son
pouvoir. Jamais il ne sera de ces indifférents
qui s'apitoient sur les malheurs de l'Eglise,
comme on le fait sur les épreuves d'un
étranger, sans se sentir atteints par les maux
dont elle souffre. Il se dira : « L'Église, c'est

moi ; l'Église, c'est ma famille. Qui la frappe me frappe. » Voilà l'esprit catholique !

La fierté catholique.

L'esprit catholique sera fier de l'Église et de ses gloires ; il se rappellera toujours et partout qu'elle est la société qui a montré le plus de génie et de sainteté, la société qui a fait le plus de bien à l'humanité, la seule société qui ait le droit de se dire divine. Jamais, par conséquent, il ne rougira de son titre de catholique.

Oh ! Mesdames, donnez cette fierté à vos enfants. Dites-leur qu'ils sont rois, et qu'ils ne peuvent se résigner à passer pour des esclaves ; qu'ils sont de la race des grands chrétiens, et qu'ils ne peuvent se laisser mettre au rang des mécréants ; qu'ils ont du sang divin en eux, et qu'ils ne peuvent en être confus ! Montrez-leur que la poignée d'audacieux qui les sifflera, que la tourbe d'ignorants qui les insultera, ne pourra pas plus leur enlever leur dignité de chrétien, que leurs blasphèmes ne sauraient arracher quelques rayons à la gloire de Dieu, .

Cette fierté leur inspirera le désir de travailler à l'œuvre de l'Église, c'est-à-dire à l'apostolat.

Le zèle complète l'esprit catholique. Je ne connais pas de garantie plus sûre de la persévérance pour un jeune homme et pour une jeune fille, que cette participation à l'Apostolat de l'Église.

Au contraire, l'éloignement des Œuvres et l'abstention dans l'Action catholique engendrent fatalement l'indifférence ; elles produisent une sorte d'égoïsme religieux qui scandalise les autres et qui conduit au scepticisme.

Le respect pour l'autorité.

Mais l'esprit catholique demande, comme appui et comme guide, le respect de l'autorité. Jésus-Christ a fondé son Église sur *Pierre*, c'est-à-dire sur le Souverain Pontife. C'est lui qui en est le chef visible. Sous l'autorité du Pape, les Évêques sont chargés de gouverner l'Église. Sous la direction des Évêques, les prêtres ont à instruire les âmes et à les sanctifier.

Mesdames, cette divine constitution de

l'Église doit être montrée à l'enfant comme
la chose la plus belle, la plus digne de respect qui soit au monde, puisque c'est le lien
qui relie la terre avec le ciel, puisque c'est
la représentation de Dieu sur la terre.

Laissez-moi vous dire, Mesdames, que le
fléau de l'anticléricalisme menace vos enfants. Il suffit de jeter les yeux sur ce qui
s'est passé chez nous depuis quelques années pour s'en convaincre. Vous savez avec
quelle violence la campagne anticléricale a
été menée partout. C'est sous cette forme
de la haine du prêtre que sévissent toutes
les persécutions religieuses. « Quand on veut
détruire la religion, disait le B. Curé d'Ars,
on commence par attaquer le prêtre. »

Vos enfants doivent être fortifiés contre
les exemples qui les attendent, par une impression inébranlable de respect pour le
prêtre, pour les Évêques et pour le Pape.

Hélas ! Mesdames, n'y a-t-il pas à craindre
que l'impiété ne trouve pour sa campagne
des complices dans beaucoup de catholiques
de nos jours.

Je ne parle pas de ceux qui prétendent con-
cilier les pratiques religieuses avec l'aversion
pour les prêtres. Il est facile de faire remarquer cette contradiction même à des enfants.

Mais le scandale est plus redoutable sous une forme plus adoucie.

A certaines tables, dans certains salons, comme au fond des villages, les prêtres, les évêques mêmes, sont l'aliment de conversations rien moins que respectueuses et charitables; leurs actes sont critiqués, leurs démarches sont jugées et condamnées, leurs intentions sont suspectées, au grand scandale de ceux, grands et petits, qui sont les auditeurs de ces conversations. Ceux qui parlent ainsi ne semblent pas voir qu'ils ébranlent l'Église en ébranlant l'autorité des prêtres, qu'ils font le jeu de nos ennemis, en ajoutant à leurs coups, et qu'ils se condamnent eux-mêmes, en passant leur vie à décrier leurs prêtres et à solliciter leur ministère. Comment ne voient-ils pas qu'ils nous mènent, sûrement et d'eux-mêmes, aux ruines que nos adversaires rêvent d'accumuler? Comment ne sentent-ils pas que le prêtre dépourvu aujourd'hui du prestige officiel que le peuple reconnaissait autrefois en lui, diminué à ses yeux par la persécution et par la force de ses adversaires, aurait besoin au contraire que l'affection et le dévouement de tous vinssent suppléer à ce qu'on lui a ravi ?

Quand ces attaques ont lieu en face d'enfants ou de jeunes gens, comment ne voit-on pas l'effet désastreux qu'elles peuvent produire ?

Du même coup elles renversent une double autorité, celle de l'Église qu'on détruit dans une âme facile à bouleverser, celle des parents qui se contredisent eux-mêmes, en démolissant ce qu'ils avaient tenté d'édifier.

Si vous savez inspirer à vos enfants, Mesdames, ces trois qualités qui me semblent constituer l'esprit catholique : amour de l'Église, fierté d'en faire partie, et respect de son autorité, vous leur aurez donné la plus précieuse garantie de persévérance, et vous vous serez assuré à vous-mêmes les plus grandes chances de succès dans cette œuvre d'éducation.

✠

Mesdames, je viens de vous rappeler le plus impérieux devoir de la famille chrétienne : l'éducation religieuse de l'enfant. Mon langage vous aura peut-être paru sévère ou du moins austère. Je ne vous ai dit que des paroles de vérité et de vie. S'il me fallait les justifier encore, je vous dirais d'un mot : vous êtes la preuve que j'ai dit vrai. C'est parce que vous avez été élevées, pour la plupart, dans les principes que je vous ai exposés, que la Bretagne est ce qu'elle est.

La Bretagne est une terre privilégiée, comme l'appelait naguère devant moi le Souverain Pontife, parce qu'elle est composée de familles chrétiennes, dans lesquelles se transmet de génération en génération le plus précieux des trésors, l'esprit de Jésus-Christ. Gardez cet esprit, mères chrétiennes, et transmettez-le à votre tour, comme le plus riche des héritages.

S'il arrivait qu'au foyer de la famille quelqu'un fût tenté de trouver cet héritage trop pauvre, répondez-lui fièrement : « Je t'élève comme j'ai été élevée moi-même. Cela doit suffire à ta gloire et à ton bonheur. »

II

L'ÉDUCATION MORALE
DE L'ENFANT

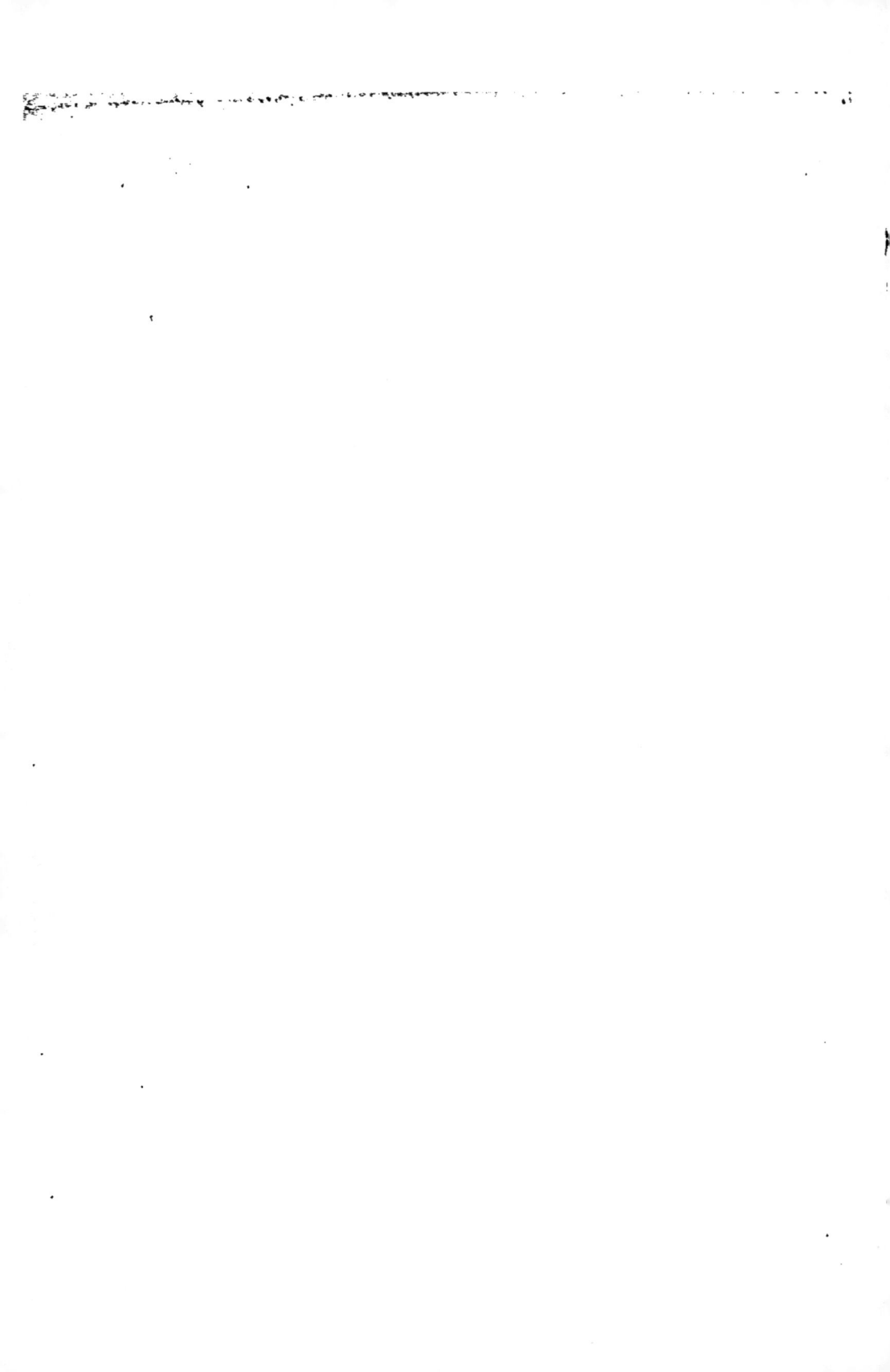

I

NÉCESSITÉ DE
L'ÉDUCATION MORALE DE L'ENFANT

MESDAMES,

L'enfant vient de Dieu, il doit retourner vers Dieu, et c'est à ses parents qu'il appartient de lui montrer la route qui l'y conduira.

Mais l'homme ne possèdera son Dieu dans l'éternité que s'il a fait sur la terre les actes commandés par lui, et s'il a évité ceux que Dieu défend.

Il existe, en effet, une loi divine à laquelle l'homme doit se soumettre s'il veut arriver au ciel ; et cette loi ne comprend pas seulement les actes religieux proprement dits, elle s'étend à toutes les actions de la vie. Dieu n'est indifférent à aucune de nos actions ; il permet ou commande les unes ; il défend les autres.

Ce que Dieu défend est mauvais, c'est le mal qu'il faut éviter sous peine de n'être pas jugé digne de la récompense éternelle. Ce que Dieu commande, c'est le bien qu'il faut faire pour mériter à ses yeux.

Toute vie humaine est donc soumise à cette loi : faire le bien, éviter le mal. Cette loi s'appelle la loi morale.

Il est nécessaire d'apprendre à l'enfant cette loi morale et de l'habituer à s'y soumettre. C'est en cela que consiste l'éducation morale de l'enfant.

Nécessité pour l'enfant.

Personne ne conteste la nécessité de l'éducation morale de l'enfant. Beaucoup se trompent sur la manière de la faire ; un plus grand nombre peut-être négligent cet important devoir ; mais personne n'oserait affirmer aujourd'hui que l'enfant doit être laissé à ses instincts et à ses caprices, sans aucune direction morale.

Vous ne doutez pas de cette nécessité de l'éducation morale, Mesdames, car vous êtes trop frappées (comme le sont d'ailleurs tous ceux qui réfléchissent) de l'état lamentable auquel sont voués, dans notre société contemporaine, ces malheureux enfants auxquels on donne vulgairement le nom d'*enfants mal élevés*.

Mais cette vérité demande à être envisagée de plus haut.

Le fait qui produit le plus d'impression sur les esprits aujourd'hui est certainement celui de la criminalité précoce de l'enfance et de la jeunesse. Les statistiques officielles établissent que c'est à l'époque de la jeunesse que les crimes sont les plus nombreux autour de nous ; elles nous montrent des enfants eux-mêmes de dix à quinze ans, coupables des crimes les plus révoltants. Ce ne sont là que les constatations officielles portant sur les fautes publiques. Que penser de la perversité que la loi civile ne poursuit pas ? Elle est effrayante autant par sa précocité que par son étendue. D'où vient-elle ? Du défaut d'éducation morale, soit que cette éducation ait complètement manqué à de pauvres enfants abandonnés, soit qu'elle ait été mal donnée.

✝

Nécessité sociale.

Mais la criminalité de l'enfance et de la jeunesse n'est pas le seul aspect à considérer.

Que dire de cette corruption universelle des mœurs qui nous ramène au temps du paganisme ? Il n'est personne qui ne la constate ; beaucoup en gémissent et s'en effraient. Bien peu, hélas ! essaient de réagir. La plupart laissent passer le torrent, tout en se disant qu'il nous mène à l'abîme.

Qui pourra l'arrêter ? Seule une solide éducation morale de l'enfance.

Il faut refaire les consciences, en commençant par les générations qui arrivent. Si l'on ne veut pas recourir à ce moyen, c'en sera bientôt fait de notre société.

Sans aller bien loin, nous pouvons constater, jusqu'en notre catholique Bretagne, à la fois le mal et sa cause.

D'où viennent, même chez nous, ces crimes atroces qui se multiplient et dont le récit encombre les colonnes de nos journaux ? D'où viennent ces homicides, ces suicides, ces actes de brutalité, ces immoralités de toute espèce ? Ne dirait-on pas parfois les

consciences éteintes ? Ce n'est pas excuser
ces crimes que de les attribuer en grand
nombre à l'alcoolisme ; c'est constater l'impuissance de la conscience contre le mal ;
c'est constater que des milieux religieux
eux-mêmes ont besoin d'être soutenus par
une forte éducation morale ; c'est constater
que chez nous ce besoin se double de la
nécessité de faire une éducation spéciale sur
l'alcoolisme et ses funestes conséquences.

D'où vient que beaucoup de nos compa-
triotes, en quittant la Bretagne, renoncent
aux pratiques et aux habitudes de leur pays ?
Ils n'ont pas assez senti dans ces pratiques
une obligation qui doit les suivre partout ;
ils y ont vu, comme ils disent, une *mode du
pays* qu'une autre mode peut remplacer ; ils
l'ont suivie jusqu'ici par routine, par entraînement, peut-être par crainte, mais pas assez
par conviction. Leur éducation a été incomplète.

N'est-ce pas ce même défaut d'éducation
morale qui explique, chez d'autres, les con-
tradictions de leur vie ? Ils seront catholiques
à l'église, à l'heure des offices, anticatho-
liques, le même jour, à l'heure des élections ;
ils se diront respectueux de la propriété d'autrui et des droits de l'Église, et ils se jette-

ront avec avidité sur les biens ecclésias-
tiques ; ils vanteront l'habileté de ceux qui
savent faire « une bonne affaire », fût-ce au
détriment de la justice ; ils auront recours
au ministère du prêtre, et ils l'insulteront
ou le calomnieront dans leurs conversations.
Est-ce que tout cela n'est pas l'indice d'une
conscience faussée, ou d'une éducation morale plus qu'insuffisante ?

✝

Impuissance de l'enfant.

Cette éducation, l'homme est impuissant
à se la donner lui-même ; il est incapable
même de se réformer tout seul quand celle
qu'il a reçue n'a pas été droite. Elle doit lui
venir du dehors.

Tout enfant apporte en naissant, au point
de vue moral, comme au point de vue physique, le germe de ce qu'il sera plus tard.
L'éducation donnera à ce germe les soins nécessaires à son accroissement et à sa direction.

Si l'enfant n'apportait en naissant que
des germes de vertu, son éducation serait
bien simplifiée. Hélas ! il n'en est pas ainsi.

Sans doute, bien des mères aiment à vanter le bon naturel de leur enfant. Mais il n'en est aucune qui puisse refuser d'avouer que l'enfant apparaît tout d'abord comme le triste héritier de notre premier père, avec des inclinations qu'il faut redresser ou corriger, et beaucoup plus fortement incliné à mal faire qu'à faire bien.

Personne n'ignore, par exemple, que l'irascibilité est le premier penchant mauvais qui se manifeste dans l'enfant. Il n'est pas bien grand que déjà il se livre à de véritables accès de colère : ce sont des larmes, des cris, des contorsions, des trépignements. Tout ce qui le fait souffrir l'irrite, et déjà il cherche à exercer sa petite vengeance contre tous ceux qui lui résistent. Malheur à lui, si quelqu'un a la maladresse de l'exciter à frapper la table ou la chaise contre laquelle il s'est heurté ! Il n'en deviendra que plus violent, et plus tard ce pourra être un vindicatif.

A côté de la colère se montre l'égoïsme. Si l'on n'y prend pas garde, l'enfant, même le plus jeune, devient un petit tyran. Qui n'a été témoin de ses entêtements ? Tous ceux qui ont fait la psychologie de l'enfant sont d'accord pour voir en lui un égoïsme précoce

qui ira en se développant. Pour peu qu'on
lui cède, il n'aura guère que trois ans et
déjà il croira que tout lui est dû. « Je veux,
je ne veux pas », seront les premiers mots
de son vocabulaire. En vain vous ingénierez-
vous à le distraire ou à l'amuser, il ne vous
en saura aucun gré. Il ne s'imagine pas qu'on
puisse lui refuser quelque chose.

« Considérez, dit Fénelon, combien dès
cet âge les enfants cherchent ceux qui les
flattent, et fuient ceux qui les contraignent ;
combien ils savent crier ou se taire, pour
avoir ce qu'ils souhaitent ; combien ils ont
déjà d'artifice ou de jalousie. »

« J'ai vu, dit saint Augustin, un enfant ja-
loux ; il ne savait pas encore parler, et déjà
avec un visage pâle et des yeux irrités, il re-
gardait l'enfant qu'on nourrissait avec
lui (1). »

Certes (il est à peine besoin de le dire),
tout cela ne saurait être reproché à l'enfant ;
il est bien impuissant à s'en rendre compte !
Mais tous ces petits défauts et beaucoup
d'autres que connaissent les mères, suffisent
à prouver que l'enfant porte en lui des
germes mauvais qu'il faut arracher, des

(1) Cité par Mgr Dupanloup.

aptitudes qu'il faut diriger, si l'on ne veut pas avoir à déplorer plus tard de fatales conséquences et des malheurs peut-être irrémédiables.

La bonne direction de la vie ne se fait donc pas naturellement dans le cœur de l'enfant.

NÉCESSITÉ DE FAIRE CETTE
ÉDUCATION DANS LA FAMILLE

Mesdames,

Il serait superflu d'insister sur une vérité reconnue de tous : l'enfant doit recevoir une éducation morale, parce qu'il n'a pas en lui-même le moyen d'y suppléer, et parce que toutes sortes de causes contribuent à le pousser naturellement au mal. *Il faut qu'il apprenne à être bon ; il faut qu'il s'habitue à être bon.*

✝

La première éducation.

Mais où et par qui se fera cette éducation ?

Elle se fera d'abord dans la famille, puisque c'est aux parents qu'il appartient de donner à l'enfant tous les soins qui lui sont nécessaires.

Elle se fera dans la famille, parce qu'elle

doit commencer de très bonne heure.

Elle doit commencer bien avant que l'enfant puisse faire un acte dont il soit moralement responsable. Que d'habitudes mauvaises contractées dès l'âge le plus tendre sont le principe des fautes dans lesquelles il tombera plus tard !

Nous connaissons tous ce type d'enfant qu'on appelle l'*enfant gâté*. Ne sont-ce pas les enfants gâtés qui font les adolescents pervers ? Les premiers vices n'ont-ils pas souvent leurs explications dans la mollesse de la première éducation ? L'enfant, l'écolier indiscipliné, n'est-il pas celui aux caprices duquel on a tout cédé ?

L'alcoolique n'a-t-il pas souvent commencé par être l'enfant gourmand, ou au moins l'enfant dont on n'a jamais contrarié les appétits ?

C'est aux mères que la sainte Écriture donne ce conseil d'éducation vis-à-vis de leurs enfants : « Cultivez-les et courbez-les sous le joug de la vertu, dès leurs plus tendres années. »

« C'est à la mère, en effet, dit Monseigneur Dupanloup, à éveiller dans son enfant la première lueur de l'intelligence et le premier amour du bien, à mettre sur ses lèvres les

premières paroles de la foi et de la vertu,
à tourner ses premiers regard vers le ciel ;
c'est à la mère, en un mot, à le doter d'une
âme chrétienne comme elle lui a donné un
corps humain. »

Elle doit s'y mettre dès les plus tendres
années. Pourquoi ? Parce qu'il est plus facile
de donner un heureux élan vers le bien à
des âmes souples et neuves, de même qu'il
est plus facile de diriger un arbrisseau qu'un
grand arbre ; parce que les premières impressions jetées dans une âme sont les plus
vives et les plus profondes, de même que le
vase neuf garde toujours l'odeur de la première liqueur qui y a été versée ; parce que,
s'il est vrai que le naturel de l'enfant est
déjà vicieux, il n'y a pas encore en lui tous
les obstacles au bien que l'âge, la société, les
influences diverses y jetteront plus tard.

Saint François de Sales recommandait à
sainte Chantal de s'emparer tout de suite, et
sans tarder, des petites pensées de ses enfants, de leurs affections naissantes, afin de
les tourner vers Dieu. C'est ainsi qu'il avait
été élevé lui-même. Sa pieuse mère lui avait
inspiré la vertu dès le berceau ; tout enfant,
par ses gestes et ses regards, il sollicitait
l'aumône pour les pauvres qu'il rencontrait,

Toutes les mères qui élèvent bien leurs enfants pourraient citer des merveilles de ce genre.

Ce ne sont point petites choses ; ce sont de précieuses semences qui porteront des fruits.

C'est la base, le point de départ nécessaire d'une solide éducation morale. C'en est aussi la garantie. « En aucune manière, dit saint Jean Chrysostome, il ne peut arriver que le jeune homme élevé dès son premier âge avec soin et sollicitude, devienne définitivement mauvais. »

Joseph de Maistre exprimait la même pensée dans ces paroles si connues : « Ce qu'on appelle l'homme, c'est-à-dire l'*homme moral,* est peut-être formé à dix ans ; et s'il ne l'a pas été sur les genoux de sa mère, ce sera toujours un grand malheur. Rien ne peut remplacer cette éducation. Si la mère surtout s'est fait un devoir d'imprimer profondément sur le front de son fils le caractère divin, on peut être à peu près sûr que la main du vice ne l'effacera jamais. Le jeune homme pourra s'écarter sans doute ; mais il décrira, si vous voulez me permettre cette expression, une courbe rentrante qui le ramènera au point d'où il était parti (1). »

(1) *Soirées de Saint-Pétersbourg,* T. 1.

✝

Toutefois, Mesdames, quelle que soit son importance, la première éducation ne suffit pas à donner à la vie de l'enfant la direction morale qui lui est nécessaire.

Pas plus après l'éveil de la raison qu'auparavant, l'enfant ne peut se former moralement lui-même. Sa raison a besoin d'être guidée dans l'appréciation souvent difficile de ce qui est bien et de ce qui est mal. Sa volonté surtout a besoin d'être fortifiée contre les obstacles et contre les ennemis qui s'opposent à la réalisation de ce que la raison commande.

✝

Les obstacles.

Le principal obstacle vient de l'enfant. Sa légèreté répugne à l'étude de ses obligations ; lui-même ne tient pas à connaître son devoir, comme s'il avait peur des conséquences qui vont en découler pour lui. Il devient difficile de l'instruire. Mais surtout il devient difficile de le faire vouloir.

Les instincts et les penchants du premier âge, quelque comprimés et dirigés qu'ils ont pu être par une sage éducation, n'ont pas complètement disparu. Sous l'influence de causes diverses, ils se manifestent et ils engendrent ce terrible ennemi de la vie morale qui s'appelle *la passion*. Toutes les fois que l'enfant est sollicité par l'appel du devoir, la passion se lève et le sollicite en sens contraire. La faiblesse de l'enfant cèderait vite si on ne savait pas lui donner l'appui nécessaire.

L'obstacle se complique du fait des ennemis que l'enfant rencontre partout autour de lui, et qui paraissent empressés à le détourner de la voie morale où une première éducation l'a placé. Des exemples pernicieux lui sont sans cesse proposés, en contradiction avec les leçons qu'il reçoit ; un milieu social très souvent dépravé menace de l'entraîner, par les séductions qu'il lui propose, ou par les craintes qu'il lui inspire ; le peu d'estime donné autour de lui à la vertu, la faveur accordée au vice achèvent de l'ébranler. Qui soutiendra l'enfant dans la lutte que se livrent chez lui la fidélité au devoir et les sollicitations du dehors ?

Ce sera, pour une part, la tâche des maîtres qui auront la charge de son éducation et qui seraient indignès de leur mission s'ils se bornaient à lui donner l'instruction, sans se préoccuper de l'élever moralement.

Mais ce sera surtout, et tout d'abord, la tâche de ses parents.

Ceux-ci lui doivent cette seconde éducation aux mêmes titres que la première, et ils ne peuvent se décharger sur personne de cette obligation.

✝

La durée de l'éducation.

Les parents ont la responsabilité de la vie morale de leur enfant, et ils porteront cette responsabilité tant que celui-ci aura besoin de leurs conseils et de leur direction. *Les besoins de l'enfant sont la limite des devoirs des parents.* Le père et la mère sont obligés de faire tout ce à quoi l'enfant a droit ; au delà de ce droit, on ne peut rien leur imposer, mais, dans la limite de ce droit, ils ne peuvent rien lui refuser.

Comme ces principes incontestables condamnent ces parents négligents qui croient pouvoir se désintéresser de la surveillance et de la formation morale de leurs enfants ! Comme ils condamnent aussi ceux qui s'affranchissent trop tôt de la pratique de ce devoir, abandonnant la direction de l'enfant à l'âge où les passions sont les plus redoutables, et où les ennemis sont les plus nombreux et les plus terribles !

Mères chrétiennes, si vous voulez savoir quand cessent vos obligations sur ce point, à quel âge vous pouvez ne pas travailler à l'éducation morale de vos enfants, demandez-vous à quel âge ceux-ci n'ont plus besoin de vous. Si vous êtes sincères avec vous-mêmes, vous direz que vos obligations ne se terminent pas avec l'enfance, mais qu'elles s'imposent à vous jusqu'aux années les plus avancées de la jeunesse.

Heureux les enfants qui, sachant comprendre leur devoir et leurs intérêts, ne cherchent pas à échapper au joug de la direction paternelle, tant qu'ils ne sont pas de force à lutter seuls contre leurs ennemis du dehors et du dedans ; et ce doit être pendant longtemps.

✝

Les difficultés.

Cette éducation morale de l'enfant, vous l'avez compris, Mesdames, est une œuvre très difficile : votre propre expérience suffirait à vous le rappeler. Elle suppose de nombreux et pénibles efforts chez ceux qui y travaillent. Elle a pour but, en effet, d'amener l'enfant à la pratique habituelle du bien.

Ce n'est pas assez de lui faire pratiquer quelques actes de vertu en passant. Il faut, pour ainsi dire, créer en lui une seconde nature opposée à la première qui le porte à mal faire.

Mettre en l'âme de l'enfant une disposition habituelle à faire le bien ; lui en donner l'amour et lui inspirer l'horreur du mal ; le rendre assez fort pour ne pas se laisser arrêter, dans la pratique du bien et dans la fuite du mal, par les considérations contraires que peuvent lui suggérer ses passions, les séductions du monde, l'exemple des autres et la crainte des sacrifices nécessaires ; fortifier sa volonté, de manière que, mise en face du devoir, elle l'accomplisse toujours et sans hésiter, voilà l'œuvre à accomplir.

Vous devinez déjà, Mesdames, ce qu'elle demande de votre part de savoir-faire, de vigilance et de fermeté.

✝

Les gloires.

C'est pour cela, Mesdames, qu'il vous revient tant de gloire, en ce moment, du dévouement de vos fils à la patrie. L'on n'exagère pas en vous associant à leur héroïsme, car c'est en vous qu'ils en ont puisé le principe et l'inspiration. Ne nous demandez ni *où* ni *quand* ; personne ne saurait le dire exactement. Mais ç'a été toutes les fois que vous leur avez dit le mot de *devoir*, toutes les fois que vous leur avez appris à écouter la voix de la conscience ; toutes les fois que vous leur avez fait admettre la nécessité de sacrifier une jouissance à une obligation ; toutes les fois que vous leur avez fait sentir que, au-dessus de leurs intérêts, de leurs caprices, de leurs plaisirs, il y a une volonté dont les ordres ne doivent pas être violés. Tout cela c'était l'apprentissage de l'héroïsme.

Vous aviez été si souvent témoins de leurs faiblesses que vous hésitiez peut-être à croire à l'efficacité de vos leçons. La guerre est venue vous montrer ces chers enfants tels que vous les avez façonnés pour la plupart : des hommes de devoir, que la tentation peut bien agiter et ébranler parfois, mais qui ne sauraient oublier les suprèmes leçons de leurs mères.

On dit que beaucoup de ceux qui tombent victimes du devoir patriotique laissent échapper le nom de leurs mères. C'est le suprème appel de leur impuissance et de leur amour ; disons plutòt que c'est la voix de leur reconnaissance ; ils tombent dans la gloire, et ils vous remercient de la leur avoir procurée.

———

III

FORMATION DE LA CONSCIENCE

Mesdames,

Le premier résultats à obtenir dans
l'œuvre de l'éducation morale, c'est *la formation de la conscience.*

Pour nous faire discerner le bien du mal,
Dieu a mis en chacun de nous une lumière
merveilleuse qu'on appelle la conscience.
Cette lumière a pour but d'éclairer notre
route sur le chemin de la vie, en nous disant
sans cesse par où il faut marcher, c'est-à-dire
en nous montrant les actes que nous devons
faire et ceux que nous devons éviter. Elle
est, en chacun de nous, l'expression de la
volonté divine, le retentissement de la parole
de Dieu, la promulgation de sa loi. C'est
donc elle qu'on doit consulter avant d'agir.

Mais la conscience n'est pas simplement
une lumière. Elle est tout un tribunal.

Elle est le témoin irrécusable de toutes
nos actions ; aucune ne lui échappe.

Elle est le juge qui nous cite continuellement à sa barre, elle apprécie chacun de nos
actes, ne laisse rien passer ; elle nous condamne impitoyablement toutes les fois que
nous faisons mal.

Elle est même le bourreau qui nous fait
expier durement parfois les fautes qu'elle
nous reproche ; mais elle est aussi la source
de joies intimes pour ceux en qui elle constate des actes de vertus.

✝

Nécessité d'une formation.

La conscience s'éveille de bonne heure
dans l'âme de l'enfant, plus tôt peut-être
qu'on ne le pense généralement. Vous avez
aimé, mères chrétiennes, bien des fois, à
épier chez vos enfants l'éveil de cette facul-
té. C'est cet éveil que vous constatiez lorsqu'il vous arrivait de dire, de la précoce ma-
lice de l'un d'entre eux : « Il sait bien qu'il
fait mal. »

Il le sentait, sans s'en rendre compte complètement. Car, quoique s'éveillant de bonne
heure, la conscience n'atteint pas tout de
suite son développement. Elle a besoin d'être

cultivée et dirigée. De même que notre raison ne voit pas tout d'abord et d'elle-même toutes les vérités de l'ordre mathématique ou métaphysique, de même la conscience ne voit pas d'elle-même et du premier coup toutes les vérités morales; elle n'y arrive que par degrés, et grâce à l'éducation reçue.

La conscience de l'enfant doit donc être *instruite à juger de ce qui est bien et de ce qui est mal;* car, en dehors de certains grands principes, elle ne peut pas y parvenir toute seule, *il faut qu'on le lui apprenne.*

Mères chrétiennes, c'est votre mission de tous les jours d'apprendre à vos enfants à discerner le bien du mal.

✝

Beauté de cette mission.

Peut-il être *mission plus noble* que de faire sortir ainsi graduellement une âme des ténèbres de l'ignorance où elle gît enfermée ? En un sens, c'est plus que rendre l'ouïe à un sourd, la lumière à un aveugle, la vie à un mort ! C'est faire entendre la voix de Dieu à une âme, c'est y faire pénétrer la lumière divine, c'est lui faire voir et sentir Dieu en elle !

C'est une mission divine. La première mère du genre humain osa demander la science du bien et du mal au démon ; elle en fut punie cruellement ; car c'est à Dieu qu'elle devait la demander. C'est à Dieu que vous la demandez vous-mêmes ; c'est au cœur de Dieu que vous la puiserez pour la communiquer à vos enfants ; et c'est dans votre foi, dans votre piété, dans votre vie sérieusement chrétienne, dans vos paroles, dans vos exemples surtout que vos enfants viendront la chercher ; et ainsi, en réalité, c'est à Dieu qu'ils la demanderont.

Vous avez, Mesdames, dans la confession un merveilleux moyen de former la conscience de vos enfants. Préparez-les vous-mêmes à la réception du sacrement de Pénitence. Faites-leur faire leur examen de conscience.

Est-il rien de plus touchant que le spectacle d'une mère préparant son enfant à la confession ? On dirait qu'elle lit dans sa conscience, ou plutôt elle lui apprend à y lire ; car elle la connaît mieux que lui. La vie de son enfant n'a fait qu'une avec la sienne ; elle n'ignore rien de ces faiblesses, et elle

lui apprend à les constater et à les regretter.
Après les lui avoir montrées, elle fait pour
son âme ce qu'elle faisait pour son corps,
aux chutes de la première enfance ; elle la
relève, en lui faisant voir la miséricorde divine qui veut lui pardonner. Ce n'est pas
elle qui fera de la confession un épouvantail,
et du confesseur un juge redoutable. Elle
donnera celui-ci à son enfant pour ami et
confident.

A partir de ce moment, l'enfant sera
changé. Il aura ses secrets à lui, et cela le
grandira. Sa conscience commencera à être
formée, parce qu'elle aura alors le premier
sentiment de sa responsabilité.

Mission délicate.

C'est une *mission délicate*. La conscience
étant chargée de nous communiquer la pensée de Dieu, il est facile de lui faire dire ce
qu'elle ne devrait pas dire ; il est facile de lui
faire travestir la pensée de Dieu.

Certes, il suffit de jeter les yeux sur la société qui nous entoure pour voir ce que
beaucoup d'hommes ont fait de leur conscience : ils l'ont obscurcie au point qu'elle

semble ne leur parler ni de justice ni de
perversion ; quelques-uns semblent l'avoir
éteinte.

Mais comment la faire briller aux yeux de
l'enfant, malgré les ténèbres du monde qui
l'enveloppe ? Comment empêcher surtout
que les exemples des autres n'arrivent à la
corrompre chez lui, en se faisant les complices de ses inclinations mauvaises ? L'enfant est trop porté à mal faire pour ne pas
ériger facilement en règle de conduite ce qui
dans autrui est conforme à ses propres inclinations. Ce danger permanent rend difficile
la mission de l'éducatrice.

Mais celle-ci doit prendre garde elle-même
de fausser la conscience de l'enfant, en lui
faisant dire ce qui n'est pas exactement la
pensée de Dieu, en diminuant ou en dépas-
sant cette pensée. Ce serait un crime de le
tromper sur la loi de Dieu. Quelle impru-
dence aussi c'est, de la part de quelques
mères, d'exagérer, aux yeux de leurs enfants,
la gravité de certaines fautes, de les mena-
cer pour toutes sortes de péchés de la justice divine ! Ces exagératio.s faussent le jugement de l'enfant et peuvent l'amener facilement au dégoût de la vertu, sous ce prétexte que celle-ci est trop difficile à pratiquer.

✝

L'horreur du mal.

Ce n'est pas à dire cependant qu'il ne faille jamais faire ressortir la gravité du mal. Bien au contraire ; car l'éducation morale ne consiste pas seulement à faire distinguer le bien du mal, elle consiste surtout à inspirer *l'horreur du péché et l'amour du devoir*.

L'enfant doit non seulement *savoir*, mais *sentir* que le péché est un mal : et il faut profiter de toute circonstance pour lui donner cette impression. Il est bien des occasions de le faire.

En face d'un malheur qui aura frappé l'âme de l'enfant, on ne craindra pas de lui dire que le péché est un plus grand mal. On sera plus sévère pour ce qui offense Dieu que pour une perte matérielle ; on sera plus sévère pour un mensonge ou un vol que pour un vêtement déchiré. S'il contemple le spectacle de la mort, si on le conduit au cimetière, il sera bon de lui redire que la mort ne serait jamais entrée dans le monde sans le péché. En présence du crucifix, on lui fera comprendre que c'est le péché qui a ainsi attaché Jésus-Christ à la croix.

Une mère vraiment chrétienne ne craindra pas de se mettre en scène elle-même et de redire à son enfant la sublime parole de Blanche de Castille à son fils saint Louis : « Mon enfant, vous savez combien je vous aime, mais j'aimerais mieux vous voir mort à mes pieds que coupable d'un seul péché mortel. »

L'amour du bien.

Cette horreur du mal est la fin principale de l'éducation. Les païens l'avaient compris. « Qu'apprendrez-vous à mon enfant ? » demandait un père à un philosophe, en lui confiant l'éducation de son fils. — « Je lui apprendrai à haïr le mal », répondit-il.

L'éducateur chrétien va plus loin, il ajoute: «Je lui apprendrai à aimer le bien et à le pratiquer. »

Ce serait, en effet, donner une éducation négative à l'enfant que de lui parler seulement du mal à ne pas faire. Le véritable éducateur lui montre la vertu à pratiquer, et lui en fait faire des actes. Une mère solidement chrétienne inspire à son enfant le goût et l'habitude de la piété ; elle lui fait ai-

mer la charité sous toutes ses formes ; elle lui
enseigne l'humilité. Surtout elle lui apprend
à faire une large part dans sa vie au sacrifice
et à la mortification. Les mères ignorent
trop ce qu'elles peuvent obtenir de leurs
enfants, en faisant appel de bonne heure à
leur esprit de sacrifice. Cet appel donne à
l'enfant une sorte de fierté qui le grandit et
qui le rend capable d'actes vraiment admi-
rables.

☦

L'autorité divine.

Mais la parole de son père ou de sa mère ne
suffit pas à inspirer à un enfant l'horreur du
mal et l'amour du bien. Si sa confiance filiale lui permet pendant quelque temps de
s'en contenter, il arrive un moment où ses
passions ont intérêt à douter des préceptes
qu'on essaie de lui imposer. Il arrive un
moment où il veut trouver quelque chose
derrière la parole de ceux qu'il aime ; il
veut savoir sur quoi repose cette parole.

Comment répondra-t-on à cette exigence ?

Il faudra que les parents aient toujours
soin de *mettre en avant l'autorité de Dieu*
qui commande et qui a le droit d'être obéi.

« Malheur aux éducations où le nom de Dieu
ne préside pas », dit Mgr Dupanloup.

Hélas ! ce sont des éducations sans Dieu
qu'on avait rêvé d'imposer aux enfants de
France, depuis une trentaine d'années ! Des
millions d'enfants ont été élevés sans que
jamais les préceptes moraux qu'on leur donnait fussent appuyés sur l'autorité du Dieu
qui les impose, sans que jamais sa justice
fût appelée à leur donner une sanction !
A des millions d'enfants on a dit qu'il faut
pratiquer la justice et la charité, sans leur
donner d'autres raisons que l'avantage de
voir les autres les pratiquer vis-à-vis d'eux ;
à des millions d'enfants on a enseigné une
morale qui ne repose que sur des conventions humaines, comme si les conventions
humaines pouvaient offrir quelque chose de
stable et d'universel, comme si ce n'était
pas autoriser chacun à choisir de ces conventions ce qu'il lui plaît le mieux.

Aussi avons-nous assisté à ce lamentable
spectacle d'éducateurs cherchant encore
quelle morale ils enseigneront, et mettant
au concours la composition d'un livre de
morale qui résumera ce qu'il y a d'unani-
mement admis dans le monde. Il est impossible de proclamer plus éloquemment quelle

utopie c'est de se passer de Dieu dans l'éducation morale de l'enfant.

De tout côté, chez tous ceux que n'aveugle pas la haine, même chez beaucoup de ceux qui n'y pensaient pas hier, se propage enfin cette idée : pour faire cesser les désordres moraux qui menacent de ruiner notre société, il faut y ramener la loi de Dieu, telle que le catéchisme la fait connaître.

C'est la voix du sang surtout qui nous le crie maintenant, avec une éloquence et une force qui finiront bien par triompher.

Beaucoup de ceux qui ne voyaient pas Dieu l'ont entrevu sur les champs de bataille, à l'heure où plus rien n'obscurcissait leur conscience : « Les idées sont bien changées maintenant, » s'écriaient-ils. Ils ont vu sa loi dans leurs fautes regrettées ; ils ont vu sa volonté dans le devoir généreusement rempli et dans le sacrifice vaillamment accepté.

Puisse leur exemple entraîner tout notre pays !

✝

L'amour et la justice de Dieu.

En attendant, Mesdames, restez fidèles à la méthode d'éducation qui vous a faites ce que vous êtes. Montrez à vos enfants la majesté infinie d'un Dieu maître de l'univers, et maître par conséquent de leurs petites volontés ; réclamez leur obéissance au nom de l'amour et de la reconnaissance qu'ils doivent à ce Dieu. C'est sur le principe de l'amour d'un Dieu infiniment bon, infiniment aimable, d'un Dieu Sauveur et Rédempteur, qu'il faut pratiquement faire reposer la nécessité d'obéir à sa loi. L'enfant comprend mieux qu'il faut répondre à l'amour par l'amour.

Ne craignez pas d'y ajouter la pensée des jugements de Dieu et de l'éternité : la conscience de l'enfant a vite fait de lui révéler que toute faute mérite une punition. Mais gardez-vous bien de dire quelle punition Dieu réserve à telle ou telle faute. Vous n'en savez rien, et vous vous exposeriez à fausser la conscience de l'enfant. En l'instruisant, vous lui direz la différence du péché mortel et du péché véniel, mais ne lui dite pas, en général, s'il a fait une faute mortelle ou non.

Vous risqueriez de vous tromper, et de le tromper avec vous ; vous l'habitueriez à se consoler trop facilement d'avoir péché véniellement, ou vous lui feriez voir ensuite des fautes graves dans tous ses actes. Laissez à sa conscience et à son confesseur le soin d'en juger. Il vous suffira de lui dire qu'il a déplu à Dieu, pour que sa conscience sache ce qu'il ne fallait pas faire.

Si, au contraire, il a bien fait, rappelez-lui que la satisfaction de la conscience est la principale récompense de la vertu, et qu'elle précède celle que Dieu réserve dans l'éternité.

Mais surtout faites-lui admirer les exemples de vertus que nous offrent l'histoire de Notre-Seigneur Jésus-Christ et la vie des Saints.

C'était autrefois la pratique de tous nos foyers chrétiens de lire quelques pages de la Vie des Saints, chaque soir, devant la famille assemblée. Revenez, Mesdames, à cette tradition. La meilleure manière d'apprendre le bien est d'en montrer la réalisation. C'est la grande force de la morale chrétienne de pouvoir faire connaître et admirer, puis imiter ceux qu'elle a formés et sanctifiés.

IV

VIGILANCE ET FERMETÉ

Mesdames,

Le travail de formation de la conscience, vous l'avez compris, est sublime ; mais, hélas ! il est parfois accompagné de bien des déceptions. Il ne donne pas toujours les fruits qu'on serait en droit d'en attendre. C'est que, en même temps que l'on forme l'esprit et le cœur d'un enfant, des ennemis. nombreux conspirent contre l'œuvre entreprise et en compromettent le succès.

Il y a, nous l'avons dit déjà, les ennemis du dehors et les ennemis du dedans.

La condition nécessaire d'une éducation morale est de préserver l'enfant contre leurs coups.

Deux qualités y sont indispensables : *la vigilance et la fermeté* ; vigilance pour découvrir l'ennemi, fermeté pour le combattre.

✝

Vigilance et illusions.

Il n'est pas de devoir qui soit plus souvent
rappelé par l'Eglise aux parents et aux éducateurs que celui de la vigilance. C'est un
devoir de tous les instants, parce que l'ennemi peut venir à toute heure; s'il y a un
moment où on ne l'attend pas, s'il y a une
heure où la vigilance pourra être en défaut,
ce sera son heure. C'est un devoir pénible,
parce qu'il tient l'âme toujours inquiète, en
face d'un mal toujours possible.

La *vigilance* de l'éducateur doit s'exercer
d'abord *sur l'enfant lui-même.*

Puisqu'il s'agit de l'élever, en cultivant et
en corrigeant les germes qui sont en lui, le
premier devoir de l'éducateur est de le connaître avec ses qualités et ses défauts.

Ici, il y aurait à écrire un long chapitre sur
les illusions maternelles, sur l'aveuglement
qui empêche un si grand nombre de mères
de voir les défauts de leurs enfants. Je ne
l'entreprendrai pas ; qu'il me suffise de dire
comment cet aveuglement se manifeste principalement. Tantôt on ne voit pas les défauts ; on ferme volontairement les yeux par

frivolité ou par affection malentendue, ou
bien l'on ne se met pas dans l'occasion où
ces défauts paraîtraient ; la mère qui aban-
donne l'éducation de ses enfants à des do-
mestiques ou à des étrangers ne peut pas les
connaître.

Tantôt, voyant les défauts, on les excuse ;
on appelle la colère, de la vivacité ; l'orgueil,
de l'amour-propre ; l'égoïsme, de l'ordre et
de l'économie. On rejette la paresse sur le
compte de la santé, on rend les autres res-
ponsables de fautes qu'il faudrait corriger.

Une autre forme de l'aveuglement des
parents consiste à ne pas croire ce qu'on
leur rapporte des fautes de leurs enfants.
Tous les éducateurs chargés de suppléer les
parents ont rencontré cet aveuglement. Ils se
faisaient un devoir de signaler un défaut au
père et à la mère de l'enfant, pour que
l'autorité paternelle s'ajoutât à la leur en vue
de corriger plus efficacement. Que de fois il
leur est arrivé de constater qu'ils avaient
simplement fait des mécontents ! Combien
j'ai rencontré de mères aimant mieux s'accu-
ser elles-mêmes que de supporter un aver-
tissement concernant leurs enfants !

« Cela est étrange, mais cela est vrai, dit
Mgr Dupanloup ; il semblerait qu'on ne peut

dire la vérité à certains parents sur leurs enfants sans les blesser eux-mêmes... Oui, il y a des parents si faibles qu'il faut les tromper ou ils ne sont pas contents. »

Ici, en effet, l'aveuglement se double de faiblesse.

✝

Les faiblesses maternelles.

Comment demander ensuite de corriger les défauts, puisqu'on a peur de les constater ?

Et pourtant *la fermeté dans la correction des défauts* est indispensable à l'éducation. « Celui qui épargne à son fils les châtiments n'a pour lui que de la haine, dit la Sainte Écriture. Châtiez-le donc et vous délivrerez une âme de la mort. »

La fermeté n'est pas la dureté, encore moins la cruauté ou l'injustice. La vraie fermeté sait se dominer elle-même, et elle n'agit point par passion. La vraie fermeté est faite de raison et d'affection, de raison qui voit la nécessité de la correction et qui l'emploie au service de l'amour qu'on porte à l'enfant.

Aussi la vraie fermeté consiste moins à

punir sur-le-champ qu'à ne rien laisser passer, dût-on, pour faire une réprimande, attendre plusieurs jours ; on arrive alors à
faire remarquer à l'enfant sa faute, à lui
faire admettre la nécessité de se corriger et
à y travailler avec lui, et même (chose plus
facile qu'on ne l'imagine) à lui faire accepter
le châtiment toutes les fois qu'il aura été
mérité.

Mais, pour atteindre ce résultat, la fermeté
devra s'exercer de bonne heure, et ne pas
laisser aux défauts le temps de se développer.

La fermeté sera constante, elle ne cèdera
jamais ; elle ne tolèrera pas aujourd'hui ce
qu'elle a blâmé hier ; elle ne sera pas indul-
gente pour les fautes graves, et sévère pour
des bagatelles ; elle ne sera pas toute en
paroles et en menaces, mais elle exécutera
impitoyablement ce dont elle aura menacé,
à moins qu'il n'y ait eu erreur (car jamais on
ne doit donner à l'enfant le droit d'avoir raison contre soi).

Cette fermeté s'exercera surtout *dans le
commandement.*

S'il est un fait lamentable et presque universel, c'est l'absence d'autorité chez les parents ; ils ne peuvent plus se faire obéir ; on

dirait, à certains foyers, que l'autorité paternelle n'existe plus.

Nous le constatons avec la plus grande tristesse.

Laissez-moi vous dire que ce mal ne vient pas uniquement de l'esprit d'indépendance qui souffle partout aujourd'hui ; la cause en est, le plus souvent, dans la faiblesse des parents, qui ne savent pas commander, qui n'ont pas la force d'exiger ce qu'ils ont ordonné, qui cèdent toujours aux caprices de l'enfant, qui renoncent à un ordre donné dès qu'il lui déplaît. Quel malheur est cette faiblesse ! Quand donc les parents reprendront-ils cette tradition d'autorité qui était la force des familles ? Il leur suffirait de le vouloir.

Si l'enfant savait ce que lui coûtera un refus d'obéissance, il se ferait vite chez lui une éducation de la volonté qui assurerait à son père et à sa mère le respect et la soumisson.

Oh ! je n'ignore pas ce qu'une telle fermeté peut coûter de sacrifices au cœur d'un père et surtout d'une mère ! Celle-ci en prend difficilement son parti de voir couler les larmes de son enfant. Il le faut pourtant pour le bien de l'enfant, et même pour le sien. Car, qu'elle le sache bien, quelqu'un doit pleurer au foyer de la famille ; la mère

est exposée à verser un jour toutes les
larmes qu'elle n'aura pas eu la force de faire
verser à son enfant.

✝

Le scandale.

L'illusion des parents n'est pas limitée aux
défauts des enfants ; elle s'étend, hélas ! *aux
dangers qui les menacent*, et elle est souvent
plus funeste.

Notre-Seigneur a dit à ce sujet une parole
que toutes les mères connaissent bien : « Malheur à celui qui scandalise un seul de ces
petits. Il vaudrait mieux qu'on lui attachât
une meule de moulin au cou et qu'on le jetât
à la mer. »

Mais le même maître a dit : « Il est nécessaire que le scandale arrive. »

Oui, le scandale est nécessaire parce que
le danger pour l'enfant est partout.

Il n'y a qu'un moyen de l'empêcher, c'est
la vigilance de ceux qui doivent le garder.

Cette vigilance existe-t-elle ?

Combien de parents semblent ne pas
croire au danger !

« Dans les temps malheureux où nous

vivons, écrivait déjà Mᵍʳ Dupanloup, il faut
que toute mère le sache bien : tout petit
camarade peut être un péril pour son enfant,
et c'est de là qu'il faut partir pour régler sa
surveillance... Les parents me croiront-ils ?
ajoute le grand éducateur. J'aurai au moins
acquitté ma conscience en le leur disant.
C'est souvent sous leur toit, presque sous
leurs yeux, qu'une malheureuse et fausse
sécurité tient fermés, c'est là souvent que le
mal se fait dans leurs enfants. »

N'est-ce pas quelquefois sous le toit paternel, au foyer de la famille, de la bouche
d'un étranger qu'on y a introduit impru-
demment, que l'enfant entend les premières
paroles qui blessent sa pureté, ou qui dimi-
nuent le respect dans son cœur ? N'est-ce pas
là qu'il a rencontré les premiers exemples
qui l'ont entraîné à mal faire ?

N'est-ce pas au foyer de la famille que la
jeune fille a entendu critiquer ou censurer
les prédicateurs, les directeurs de conscience
qui s'élevaient contre les divertissements
mauvais, contre les modes indécentes ou
contre la licence des mœurs ? N'est-ce pas
ainsi qu'elle a senti s'élever en elle le désir
de l'indépendance, de l'envie des choses in-
terdites jusque-là ?

N'est-ce pas au foyer de la famille que se donne cette fête ou cette partie de plaisir, que les mondains proclament innocente, et qu'on accepte comme telle, quoiqu'elle soit de nature à éveiller dans l'âme de l'enfant la vanité avec ses illusions et ses déceptions, la sensualité avec ses besoins et ses attraits ?

N'est-ce pas au foyer de la famille qu'un jour l'enfant a trouvé ce livre, ce feuilleton, ce journal, laissé sur une table, et qu'il a cru avoir le droit de parcourir, parce que l'idée ne lui est pas venue que le poison pouvait être là !

N'est-ce pas sous le toit paternel qu'il a dissimulé, pour en faire sa lecture de chevet, ce livre que tel camarade lui a procuré, en lui en vantant la trame intéressante et les péripéties dramatiques ?

Une longue expérience de la jeunesse me permet de vous dire qu'il n'est pas pour elle d'ennemi plus fréquent et plus redoutable que la *mauvaise lecture*. Cet ennemi est partout, non seulement à la vitrine du libraire ou à la bibliothèque publique ; il s'est trouvé parfois dans les salons réputés les mieux tenus. Chaque jour il envahit le monde par millions, sous la forme du journal et de la revue ; il s'attaque même aux plus jeunes enfants sous la forme du journal illustré.

Il est partout et il va partout. La petite bourse du jeune homme ou de la jeune fille est toujours assez garnie pour se procurer le mauvais livre, car on le trouve à tous les prix ; plus il est hideux souvent, moins il est cher. Mères, veillez sur les lectures de vos enfants.

✶

La société corruptrice.

Les livres mauvais ne sont que la manifestation d'un *état de société* qui est partout aujourd'hui, et que les parents chrétiens ont à redouter partout où les conduisent leurs relations en dehors de la famille. Le monde est essentiellement corrupteur, parce qu'il est lui-même corrompu. Un écrivain païen, Tacite, le définissait ainsi de son temps : « *Corrumpere et corrumpi hoc vocatur sæclum*. Le monde c'est corrompre et être corrompu. »

Certes, telle est bien (puissions-nous dire : telle était !) la société qui nous entoure ; elle tend à redevenir païenne et elle l'est déjà en partie. Tout y est organisé pour la corruption, surtout pour la corruption de l'enfance

et de la jeunesse, aussi bien dans nos campagnes que dans nos villes, avec la compli-
cité des pouvoirs publics, avec la propagande antireligieuse, avec l'attrait des plaisirs grossiers ou raffinés, avec la nouveauté
et la hardiesse des spectacles et des repré-
sentations, avec le luxe des modes nouvelles
qui tournent la tête aux plus humbles, avec
le caractère provocateur des tenues immo-
destes.

Tout y conspire insolemment contre la
vertu de ceux qui voudraient y échapper ;
tout porte à faire mépriser ceux qui ne se
laissent pas entraîner par le torrent.

Comment de pauvres enfants pourraient-
ils ne pas en être victimes ?

C'est ici que la *fermeté* devient nécessaire,
et souvent héroïque.

J'ai connu, dans mes fonctions d'éducateur de la jeunesse, beaucoup de ces mères,
comme il y en a parmi vous, qui souffraient
d'être appelées à vivre et à élever leurs enfants dans un tel milieu. Elles travaillaient,
elles luttaient ; et autour d'elles on défaisait
leur œuvre.

Elles avaient compris l'éducation de leurs
enfants dans un sens absolument chrétien,
elles avaient tout réglé en vue de cet idéal ;

tout les contredisait. Leur grande épreuve était de sentir qu'elles étaient une exception ; elles luttaient pourtant pour résister à la mode et à l'opinion d'autrui. Que de sollicitations elles avaient à écarter ! que de refus à formuler ! que de critiques à supporter !

La fuite en Egypte.

Il leur fallait fuir certains milieux. Elles s'y résignaient pour sauver l'âme de leur enfant.

Quand la Sainte Famille fut recherchée par Hérode, elle ne trouva le salut que dans la fuite en Egypte. Mais par là Marie sauva son Jésus.

Mères chrétiennes, vous devez fuir vous aussi ; vous devez vous écarter de certains milieux, renoncer à certaines conventions, fouler aux pieds certains usages, pour échapper aux nombreux Hérodes qui veulent perdre vos enfants.

Ce ne sera peut-être qu'en brisant certaines relations de société ou même de famille que vous ferez échapper vos enfants aux coups de l'ennemi. Il vous faudra, ô mères, vous priver de certaines fréquentations qui étaient un délassement pour l'esprit et une consolation pour le cœur. Il vous faudra vous résigner à voir vos intentions méconnues, votre manière de faire mal interprétée, blâmée et tournée en ridicule. N'en soyez ni surprises ni abattues.

Il y a toujours du sang de martyr dans la mère vraiment chrétienne. Celle-ci ne croit jamais payer trop cher l'âme de son enfant.

✠

La fermeté victorieuse.

Mais j'ai hâte de le dire, Mesdames, l'épreuve n'ira pas toujours jusque-là.

La fermeté le plus souvent deviendra un exemple et un excitant pour les autres.

La plupart de ceux qui cèdent à l'entraînement du monde sont heureux de trouver de temps en temps une main secourable qui les sauve. Beaucoup n'attendent qu'un exemple pour le suivre.

Le mal vient de certains courants d'idées et de mœurs qu'on fait pénétrer dans une société, et auxquels on donne le prestige du nombre. Pourquoi ne se ferait-il pas aussi

des courants d'idées saines, des courants de
mœurs sages et bonnes?

Pourquoi les familles chrétiennes n'orga-
niseraient-elles pas entre elles cette ligue de
conservation morale que toutes savent nécessaire? Pourquoi les mères ne s'enten-
draient-elles pas pour protester par leur
abstention contre ces usages et ces pratiques
qu'elles sont les premières à déplorer en
secret? Pourquoi ne se débarrasseraient-
elles pas, elles et leurs enfants, de ces tyrannies de la mode qu'elles trouvent ridicules,
et ruineuses pour le corps et pour l'âme?

La facilité avec laquelle elles les subissent
montre bien qu'elles ne voient pas le mal
qui y est enfermé; mais il leur suffit, pour
les condamner, de se dire que ceux qui les
ont inventées n'avaient pas toujours des intentions aussi droites, et qu'il n'est pas sûr
qu'un jour ou l'autre l'effet attendu ne se
produira pas.

C'est la consolation de l'Église de constater, au milieu du désarroi général, que ses
avis sur ce point ont été compris et acceptés
par un grand nombre d'âmes, et que, de
tout côté, à la ligue du mal on se prépare à
opposer la ligue du bien.

Que Dieu bénisse ces généreuses résolutions! Qu'il les soutienne! Et bientôt nous saluerons de nouvelles générations, élevées dans le plus pur christianisme, et destinées à faire revivre nos plus belles et nos plus nobles traditions.

III

L'ÉDUCATION
SOCIALE ET PATRIOTIQUE

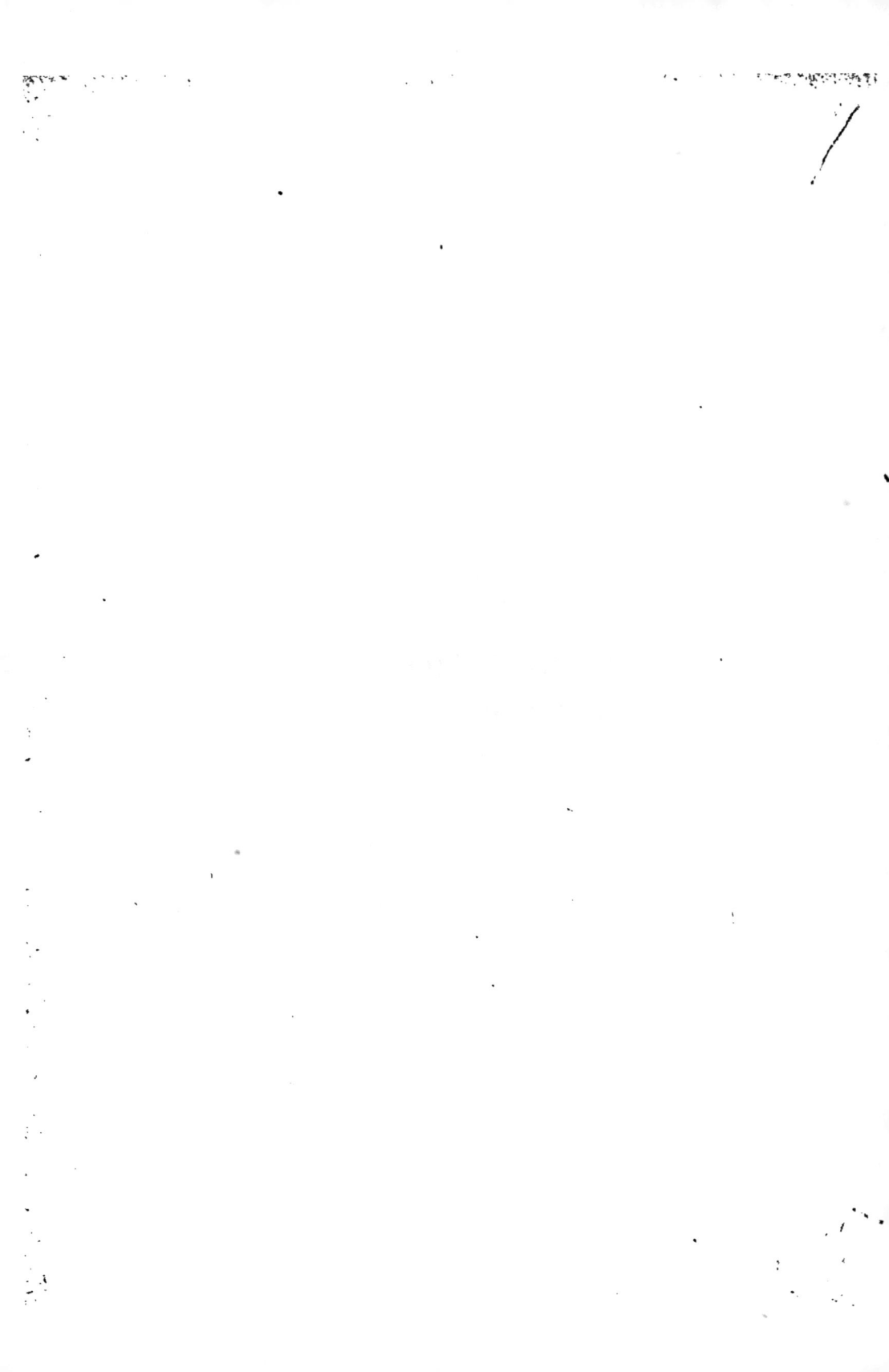

I

L'ÉDUCATION SOCIALE EN GÉNÉRAL

MESDAMES,

Il faut donner à l'enfant une vraie et solide éducation patriotique et sociale.

C'est le sujet que mes instructions précédentes m'amènent tout naturellement à traiter, après vous avoir entretenues de l'éducation religieuse et morale de l'enfant dans la famille.

Les circonstances dans lesquelles nous nous trouvons donnent plus d'opportunité à ces enseignements ; puissent-elles leur donner plus de force !

Si j'avais à justifier, par ailleurs, le choix d'un pareil sujet, il me suffirait de vous dire, Mesdames, que le Souverain Pontife Benoît XV, dès son avènement au trône pontifical, en a fait ressortir l'importance et la nécessité, en nous signalant les désordres sociaux, tels que l'absence de charité et d'autorité, comme la principale cause des mal-

heurs des peuples. A la suite du Souverain
Pontife, les évêques doivent avoir « comme
objectif de rendre à la charité de Jésus-Christ
son empire sur les âmes ».

Objet de l'éducation sociale.

Ces mots résument tout le programme de
l'éducation sociale.

Cette éducation a pour objet d'apprendre
à vivre avec les autres hommes, qu'il s'agisse
des membres de la famille ou d'étrangers, de
supérieurs ou d'inférieurs. Nulle part l'homme
n'est un isolé ; il vit avec d'autres hommes
dont il doit tenir compte ; il est lié, d'une
manière générale, à l'égard de tous ceux qui
possèdent avec lui la nature humaine, mais
il est lié, d'une manière particulière, vis-à-
vis de ceux qui composent avec lui une même
famille, une même patrie, une même société.

Ces liens donnent naissance à de nombreux
devoirs.

La première chose à faire pénétrer dans
l'âme de l'enfant est cette vérité qu'il n'existe
pas pour lui tout seul, et qu'il doit avoir
d'autres soucis que ses intérêts personnels.

L'éducation religieuse lui a fait comprendre qu'il doit se préoccuper de Dieu qui l'a créé, et qui lui a préparé une vie éternelle. Elle a donc forcé déjà l'enfant à sortir de lui-même. Il n'est pas seul, puisqu'il dépend de son Créateur.

Mais l'enfant doit aussi apprendre à se préoccuper de ceux avec lesquels il vit.

Son égoïsme naturel tend à l'en empêcher. Pour peu qu'on l'ait étudié, on aura facilement constaté de quelle manière l'enfant rapporte tout à lui-même, comme il est envieux et exigeant, comme il croit facilement que tout lui est dû. Si on laissait ce sentiment se développer en lui, on en ferait un être anti-social.

Il faut donc convaincre l'enfant qu'il a des devoirs vis-à-vis de chacun de ceux qui l'entourent.

Comme ces devoirs se ramènent d'une manière générale à la pratique des deux vertus de *justice* et de *charité,* qui sont les vertus sociales par excellence, l'éducation devra d'abord procurer à l'enfant la connaissance et l'habitude de ces vertus.

Mais la pratique de la justice et de la charité vis-à-vis des individus ne suffit pas à régler toutes nos relations sociales. L'homme a aussi des obligations vis-à-vis de la société

elle-même ; il a une mission à remplir dans
cette société, c'est ce qu'on est convenu d'appeler le *devoir social* proprement dit.

L'éducation de l'enfant serait incomplète
si elle n'était pas attentive à lui montrer
cette mission et à lui fournir les moyens de
s'en acquitter.

L'éducation sociale de l'enfant comprend
donc l'éducation des vertus sociales et du
devoir social.

La famille et l'éducation sociale.

C'est dans la famille que l'enfant prendra
connaissance de ses obligations et qu'il con-
tractera les habitudes qui lui en faciliteront
la pratique.

Sans doute des événements comme ceux
que nous traversons font plus que tout le
reste pour l'éducation sociale et patriotique
de la génération qui en est le témoin, parce
qu'ils enseignent à tous la nécessité immédiate et courageuse du devoir.

Mais, quels que soient les événements, il
faut toujours que l'éducation sociale de l'enfant soit commencée dans la famille. C'est là
que s'éveille la conscience et qu'elle subit

ses premières directions ; l'éducation religieuse et morale que l'enfant y reçoit lui fait
déjà connaître en partie les devoirs qui l'attendent ; un enseignement plus complet les
lui précisera, ses relations avec les autres
les lui feront appliquer ; et, quand des circonstances terribles l'exigeront, il sera d'autant
plus fort pour les pratiquer que l'éducation
familiale lui en aura donné plus tôt l'habitude.

Les devoirs de la famille font partie d'ailleurs de la morale sociale : pour que la famille atteigne sa perfection, il faut que les
membres pratiquent leurs devoirs sociaux
les uns vis-à-vis des autres. Il n'est pas de
meilleur et de plus nécessaire apprentissage
de la vie sociale que la vie de famille : c'est
là qu'on apprend le respect d'autrui, le dévouement, le sacrifice de soi, et tout ce qui
fait la beauté d'une société.

La société n'est pas une asbtraction, elle
est le groupement des familles, comme la
famille est le groupement des individus. La
société sera parfaite dans la mesure où les
familles qui la composent le seront.

C'est pour cela que la famille, si justement
appelée la cellule sociale, doit être considé-
rée comme la grande, l'indispensable école
qui prépare à la vie de société.

II

L'ÉDUCATION DE LA JUSTICE

MESDAMES,

Le premier devoir de l'homme, vis-à-vis de ses semblables, est de ne pas les rendre malheureux ; c'est le moins qu'on puisse exiger de lui. C'est un devoir négatif qui n'admet pas d'exception. Il consiste à respecter, chez les autres, leurs droits, leur vie, leur honneur, leurs biens et tout ce qui leur appartient. C'est le devoir de la justice.

Les premières notions.

Cette notion est à éveiller de bonne heure dans la conscience de l'enfant, car elle devra plus tard dominer toutes ses relations avec son prochain.

Cette notion se heurtera tout d'abord à son égoïsme. L'enfant croit facilement que tout lui appartient.

Tous les parents savent combien l'enfant ignore la distinction du *tien* et du *mien*. Ce n'est qu'après avoir senti la résistance à ses caprices qu'il prend conscience de l'existence des autres, puis de leur force et de leurs droits. Il sent qu'il n'est pas seul à vouloir et à posséder.

La constatation de la lutte à soutenir est un des premiers bienfaits de l'éducation. Les parents qui ont peur de mettre l'enfant aux prises avec cette lutte, sous prétexte de ne pas le contrarier, lui refusent un nécessaire service ; ils en font un petit tyran dont ils auront beaucoup de peine plus tard à briser la volonté ; ils en font un être malheureux qui trouvera partout des oppositions, avec lesquelles on ne lui aura pas appris à compter.

L'œuvre initiale de l'éducation sociale sera donc de faire sentir à l'enfant qu'il n'est pas le maître qu'il croit être.

On lui apprendra ensuite peu à peu que les autres sont autant que lui, et on ne manquera pas de faire pénétrer ainsi dans son esprit la maxime chrétienne qui résume tous nos devoirs de justice : « Ne faites pas à autrui ce que vous ne voudriez pas qu'on vous fît à vous-même. »

La première surveillance.

En même temps on réprimera tout ce qui, dans sa vie, serait déjà en contradiction avec ce principe. C'est une loi qu'il ne faut pas oublier : *la pratique surveillée des préceptes fait plus pour l'éducation que leur enseignement.*

Voilà pourquoi des parents éclairés réprimeront de bonne heure, chez leurs enfants, tout ce qui menacerait de devenir une tendance au vol. Non seulement ils puniront sévèrement tout petit larcin, même fait dans la famille ; mais ils exigeront que l'enfant ne prenne rien, même des choses auxquelles il aurait droit, sans en avoir obtenu la permission ; aucune pratique n'est plus propre que celle-là à rappeler les droits d'autrui.

Ils auront toujours soin de faire réparer les dommages qui auraient été causés par l'enfant (quand même il n'y aurait pas eu faute morale), pour inculquer cette idée que tout dommage fait à autrui exige réparation.

Ils surveilleront la jalousie qui porte si facilement à nuire aux autres.

Au rang des premiers biens du prochain, ils mettront sa réputation, et ils ne la lais-

seront jamais attaquer. Ils seront sévères
pour le mensonge, et rappelleront sans cesse
que tout homme a droit à n'être pas trompé.
Ils apprendront, par leurs préceptes et par
leurs exemples, à être fidèles à la parole
donnée, aux engagements contractés. Jamais
ils ne se permettront pour eux-mêmes, et
à plus forte raison devant leurs enfants, de ces
petites habiletés, de ces petites ruses, si fré-
quentes, hélas ! dans les affaires, et qui, le plus
souvent, ne sont que de véritables injustices.

Soyez préoccupées, mères chrétiennes, de
former dans vos enfants l'homme honnête,
l'homme qui n'a jamais eu ce qui ne lui
appartient pas, l'homme dont la parole n'a
jamais dit le contraire de sa pensée, l'homme
loyal et franc. En lui vous aurez fait l'homme
le plus utile à son pays, et le plus digne de
sa reconnaissance et de son estime.

Les principes.

Les premiers avis et les premières réprimandes de l'enfance ne suffiront pas à former
cet homme. Il faudra que ces avis et ces
réprimandes apparaissent à l'enfant, au fur
et à mesure qu'il grandira, *appuyés sur les*

principes qui les légitiment. Prêcher la justice à l'enfant, sans lui en expliquer les
vraies raisons, c'est faire œuvre peu solide,
c'est faire, en tout cas, œuvre incapable de
résister à son égoïsme, à cette préoccupation
d'intérêt immédiat et personnel que nous
avons toujours à combattre en nous.

Le devoir de la justice repose d'abord sur
le principe d'une certaine égalité de tous les
hommes. Sans doute on a abusé de ce principe, et on en a conclu parfois à la suppression
de toutes les différences sociales, ce qui est
impossible. Mais la ressemblance de nature,
la communauté d'origine, la participation des
hommes aux mêmes grâces divines créent,
entre eux, une égalité de droits que la justice
a pour objet de garder, en faisant respecter
chez les autres ce qu'on veut voir respecter
chez soi.

Cette notion doit nécessairement être
donnée à l'enfant.

Mais prenez-y garde, Mesdames, si l'on
veut prévenir les abus que nous signalions
tout à l'heure, si l'on veut donner à la justice
toute sa force, il est nécessaire de rappeler
sur quoi repose cette égalité du droit.

Elle n'existe, cette égalité, que parce que,
au-dessus de tous, il y a un même souverain

en qui résident tous les droits, un même
juge qui les protège et les défend, un même
maître qui impose à tous le devoir de les
garder.

Et ce maître et souverain n'est pas seulement l'autorité civile, qui ne peut pas tout
régler, et à laquelle une certaine habileté peut
permettre parfois de se soustraire ; ce n'est
pas une autorité humaine, quelque forte et
puissante qu'elle soit, car la force peut se
mettre parfois au service de l'injustice. C'est
l'autorité de Dieu.

La leçon de l'injustice.

Il est d'une sage éducation de savoir montrer à l'enfant, dans les actes d'injustice dont
il est parfois la victime, d'où vient le mal qui
le révolte, afin qu'il s'habitue à chercher le
principe de la justice là où il se trouve réellement, c'est-à-dire dans l'autorité d'un Dieu
infiniment juste qui connaît tous les droits et
qui les protège tous.

Nous avons en ce moment de terribles
exemples d'injustices dans les atrocités de
cette guerre que la France subit. Faites-les
constater à vos enfants, Mesdames.

Rien n'est plus propre à leur montrer ce que c'est que la justice et le droit.

Tous nos cœurs l'ont bien senti : nos ennemis violaient quelque chose qui est au-dessus de la puissance humaine, quand ils osaient envahir la Belgique pour pénétrer chez nous, quand ils déchiraient les traités et les conventions qui le leur défendaient. Nos ennemis outrageaient quelque chose qui leur est supérieur, quand ils exerçaient leur cruauté contre d'innocentes victimes, quand ils tuaient et torturaient des hommes désarmés, des femmes et des enfants, quand ils incendiaient des villes sans défense et quand ils détruisaient les églises. Il n'est pas un esprit qui ne s'écrie : Ils n'en avaient pas le droit ! Il n'est pas un esprit, par conséquent, qui ne proclame que, au-dessus de la force, au-dessus de la violence, au-dessus des passions, il y a quelque chose que tout le monde doit respecter : c'est la justice, c'est l'ordre établi par Dieu, c'est la défense faite par Dieu de violer les droits du prochain.

Cela n'est pas vrai seulement quand il s'agit des peuples entre eux ; c'est également vrai des individus. S'il est défendu de porter atteinte à la propriété, à la réputation, à la liberté, et à tous les autres biens de chacun, c'est qu'il y a là un ordre établi, une justice voulue par Dieu. Cette justice et cet ordre sont la condition même de la société ; celle-ci ne pourrait pas subsister sans cela, et Dieu en la fondant y a mis cette garantie. Au-dessus des hommes, il y a donc un Dieu qui les garde tous, comme un père garde tous ses enfants, en les prenant tous sous la protection des lois qu'il a faites.

Respecter la justice, c'est respecter le droit de Dieu.

✶

La politesse.

On ne doit pas craindre de pousser ce sentiment jusqu'à la plus extrême délicatesse. Il n'est pas permis d'être plus ou moins juste, il faut l'être absolument et complètement, c'est-à-dire sans réserve, sans accommodement.

L'un des meilleurs moyens d'arriver à former cet état d'âme dans l'enfant est de l'habituer à la pratique d'un autre devoir qui, moins strict que le précédent, s'y rattache cependant : le *devoir de la politesse*.

On a défini celle-ci : « l'art de s'incommoder à cause des autres. » C'est bien cela. C'est un respect onéreux des autres. Pour

être poli, il faut savoir, à cause des autres,
se gêner, s'imposer des sacrifices de paroles,
de gestes, d'attitude. Souvent ces actes de
politesse ne sont pas obligatoires ; mais plus
l'enfant les accomplit facilement, plus il
prend conscience du respect qu'il doit à autrui. L'habitude de se gêner pour les autres,
sans y être strictement obligé, lui rendra
plus facile le respect qu'impose la justice.

Bien des parents ne considèrent pas assez
cette importance de la politesse ; ils n'en
exigent pas assez pour eux-mêmes ni pour
les autres. Ils ne réfléchissent pas que la
politesse fait plus de bien à celui qui l'accorde
qu'à celui qui la reçoit ; en ne la demandant
pas à leurs enfants, ils les privent d'un des
bienfaits les plus précieux de l'éducation.

Elle est nécessaire à la société ; sans elle
les rapports sociaux seraient insupportables ;
elle prévient bien des conflits qui pourraient
surgir dans la revendication mutuelle des
droits. Par la politesse, chacun cède à l'a-
vance du sien ; il apporte un concours nécessaire à la paix. La politesse empêche d'aller
jusqu'à l'extrême limite du droit, ce qui serait
souvent de l'injustice ; elle prépare les voies
à la vertu sociale par excellence qu'est la
charité.

III

L'ÉDUCATION DE LA CHARITÉ

MESDAMES,

La **charité** complète la justice et assure avec elle l'ordre dans la société.

S'il n'y avait que de la justice dans le monde, en effet, le bonheur y serait bien incomplet et la tranquillité y serait bien imparfaite. La plupart des maux n'y seraient pas combattus, les souffrances n'y seraient pas soulagées, et la plus odieuse des tyrannies s'y exercerait sous le couvert de la justice.

La charité seule peut combler l'intervalle qui sépare le riche du pauvre, et diminuer l'amertume qu'éveille au cœur de celui-ci l'inégalité des conditions humaines. La charité seule peut rétablir l'équilibre entre les classes de la société, en élevant le pauvre et en abaissant le riche dans la même fraternité.

Dans son *Encyclique*, Benoît XV a fortement marqué la place que tient l'exercice de cette vertu dans l'ordre social. « Jamais peut-

6

être plus que maintenant, dit-il, on n'a parlé
de fraternité humaine ; cependant, à dire
vrai, jamais la fraternité n'a été moins pratiquée que de nos jours. Les haines de race sont
portées au paroxysme ; les peuples sont divi-
sés par leurs rancunes encore plus que par
leurs frontières ; au sein d'une même nation
et dans les murs d'une même cité, les diffé-
rentes classes de citoyens se jalousent mu-
tuellement, et chez les individus tout est
réglé par l'égoïsme devenu la loi suprême...
Ne cessons pas, ajoute le Saint-Père, de répé-
ter aux oreilles des fidèles et de traduire dans
nos actes la parole de saint Jean : « *Ut dili-
gamus alterutrum. Aimons-nous les uns les
autres.* »

✝

L'exemple éducateur.

Certes, ce ne sera pas l'un des moindres
effets providentiels de cette guerre que
d'avoir suscité, dans notre pays de France,
ce beau mouvement de charité chrétienne
qui, après avoir fait cesser toutes les dis-
cordes, s'est donné pour mission de réparer
les désastres de la guerre, en soignant les
blessés, en soulageant les prisonniers, en

apportant toutes sortes de secours à nos soldats et à nos frères malheureux. Que de merveilles l'histoire de la charité racontera aux générations à venir, comme l'un des plus beaux côtés de la grande guerre ! Quelle variété de dévouements nous constatons sous nos yeux ! Quelles industries les âmes charitables ont inventées pour subvenir à tous les besoins ! Le pays entier, on peut le dire, est transformé en un immense ouvroir, où tout le monde travaille au service de la charité.

Notre région elle-même, malgré sa pauvreté relative, a su témoigner de cette charité avec une unanimité et un entrain qui lui ont valu des éloges publics et justement mérités. Il n'est pas un foyer chez nous où la charité n'ait produit quelque moyen de soulager les victimes de la guerre.

Partout, comme je vous l'ai plusieurs fois demandé, Mesdames, vous avez intéressé vos enfants à ce grand acte de charité nationale, et vous avez fait beaucoup par là pour leur éducation sociale.

Vous leur avez *appris à penser aux autres, pour subvenir à leurs besoins.*

C'est ainsi que commence l'éducation de la charité : elle éveille, chez l'enfant, la sympathie pour les souffrances d'autrui, elle lui fait constater les épreuves qui l'entourent, elle lui montre des peines qu'il ne connaît pas, qu'il n'aurait peut-être même jamais soupçonnées. Elle amène la compassion dans son âme, et lui fait désirer de soulager ceux qui souffrent.

Vous avez appris aussi à vos enfants comment se fait la charité.

La charité consiste à donner au prochain de ce que l'on a, de son travail, de son argent, de ses soins ; à lui rendre service et à l'assister en toutes manières. Elle va jusqu'à se priver soi-même pour enrichir les autres. Elle consiste à admettre ceux-ci dans ses préoccupations, suivant la règle que nous donne l'Évangile : « Aimer le prochain comme soi-même », et par conséquent elle conduit à « faire aux autres ce que nous voudrions que l'on nous fît à nous-mêmes. »

L'éducation du désintéressement.

Que cette éducation soit difficile à faire, personne ne saurait le contester, parce que, comme nous l'avons déjà observé, rien n'est plus fort au cœur de l'enfant que l'égoïsme, l'attachement à ce qu'il est et à ce qu'il a. Le désintéressement et l'oubli de soi que requiert la charité sont les vertus les plus rares.

Les exemples que les enfants ont sous les yeux seront de nature à aider beaucoup la famille dans cette œuvre difficile. Qu'on leur raconte, qu'on leur fasse lire le récit des héroïques sacrifices qui sont en ce moment la gloire de notre pays.

Quelle belle école de désintéressement et d'oubli de soi est la guerre !

Le soldat qui s'y dévoue et qui s'y fait tuer, en est le maître le plus éloquent et le plus persuasif !

Il se fait tuer pour tout autre que pour lui. Son sang vaudra le salut du pays ; mais il n'en jouira pas lui-même ; il ne verra pas le fruit de ses luttes et de ses peines. Il s'expose à la mort quand même !

Il se dit que d'autres bénéficieront de son sang ! Ce seront les siens sans doute, sa femme, ses enfants, qui échapperont grâce à lui aux tortures d'un farouche vainqueur, mais au prix de quelles douleurs pour lui-même ! Il se fera tuer pour les sauver ! Parmi ceux qui profiteront de sa mort, la plupart lui sont inconnus ; ils ne sont pas encore nés peut-être. Il se donnera quand même !

Sans doute, dans vingt ans, dans cinquante ans, on célébrera encore ses hauts faits ; on se dira que c'est grâce à lui et à ses compagnons que la patrie jouit de la paix et de la liberté. Mais il ne sera plus là pour entendre son éloge.

Il se bat, il se fait tuer pour les autres !

Telles sont les belles leçons de désintéressement que donne en ce moment la jeunesse de notre temps ! Ne manquons pas de les faire remarquer à celle qui grandit à nos côtés.

Au milieu de nos épreuves, ce nous est une joie et une consolation de constater que l'égoïsme et l'appât des jouissances n'avaient pas tué, au cœur de notre jeunesse française, l'ardeur du dévouement et la flamme de l'idéal désintéressé.

✳

Les fausses méthodes.

Pourtant, hélas ! trop souvent le monde nous avait surtout offert le spectacle d'une recherche excessive des intérêts personnels ; il nous avait montré l'âpre lutte de ces intérêts, avec toutes les divisions qui en sont les conséquences et les convoitises qui en sont le principe.

Notre éducation elle-même n'a-t-elle pas eu trop exclusivement pour guide les préoccupations utilitaires ? Quelle est la première chose qu'on fait entrevoir à l'enfant ? N'est-ce pas trop souvent le profit immédiat qu'il peut tirer ? N'a-t-on pas généralement, même dans les meilleures familles, cette fâcheuse habitude de proposer toujours une récompense immédiate à tout acte de vertu ? on ne demande presque jamais d'action désintéressée ; on ne rappelle pas assez que l'exercice de la charité est un devoir commandé par Dieu et non par notre intérêt. L'enfant n'en arrive-t-il pas à croire que tout service rendu par lui mérite un salaire ? Il ne donne que si cela doit lui rapporter de la vanité ou du plaisir ; il n'est charitable que pour être bien considéré ; et il s'en abstient toutes les fois que la charité lui semble onéreuse. Il perd ainsi l'idée du désintéressement, du don de soi gratuit et sans profit immédiat.

On m'objectera peut-être que la vertu a besoin d'encouragement, et que, à cause de cela, on ne peut pas trop exiger de l'enfant. Je le reconnais. Il y a certains devoirs pour lesquels l'excitant d'une récompense peut être

nécessaire. Mais, je le maintiens, c'est diminuer beaucoup la valeur de la charité que de
lui enlever son désintéressement. C'est en
fausser l'éducation que de lui donner d'a-
bord l'intérêt pour mobile.

✝

Les principes.

Pour réussir plus sûrement dans cette
éducation, ainsi que pour la justice, le pré-
cepte de la charité doit être enseigné, même
à l'enfant, avec les raisons sur lesquelles il
repose.

Ces raisons sont celles que la foi nous
fournit. Le prochain envers qui l'enfant pratiquera la charité, est un enfant de Dieu
comme lui, et un frère de Jésus-Christ avec
lui, quelle que soit sa situation ici-bas. Jésus-
Christ a donné le commandement de l'aimer
à cause de Dieu ; toutes les fois que nous
exercerons la charité envers lui, c'est à Dieu
que nous la ferons, et toutes les fois que
nous la refuserons, c'est Dieu que nous
mécontenterons, parce que nous l'aurons
offensé dans un de ses enfants.

Voilà l'idée qu'il faut inspirer à l'enfant de

la charité chrétienne. Le motif de la charité est la volonté de Dieu, l'amour de Dieu pour tous ses enfants, l'ordre de Dieu qui veut les faire aider les uns par les autres.

Étendez, Mesdames, cette conception de la charité faite pour Dieu au delà des relations ordinaires de la vie, et vous verrez comment elle s'applique aux plus sublimes dévouements, et comment seule elle est capable de les justifier et de les expliquer.

Pourquoi le soldat qui donne sa vie pour la France fait-il si facilement les sacrifices qu'on lui demande ? L'affection qu'il porte à son pays peut en être une raison. Les êtres auxquels il a voué ses affections peuvent expliquer son dévouement. Soit. Mais reconnaissons que cela même ne satisfait pas complètement notre esprit ; nous nous expliquons bien mieux le désintéressement de ce soldat, s'il se sait placé par Dieu à un poste de dévouement, s'il se sait chargé par lui de la mission de défendre son pays, s'il sait que l'effusion de son sang contribuera à la réalisation du plan que la Providence a voulu faire exécuter par lui. Comme il se sent plus fort, plus assuré dans ce qu'il fera ! La mort à laquelle il se voue ne lui sera pas le terme de toutes choses auquel l'aurait aussi bien conduit un stupide désespoir, mais le commencement d'une vie nouvelle dans laquelle son sacrifice l'aura fait entrer.

A des degrés divers, voilà l'aboutissant qu'il faut faire entrevoir à tout acte de charité, si nous voulons en faire admettre la nécessité à l'enfant. Dieu se chargera de le récompenser, s'il est fait pour lui.

Dans cette pensée, celui qui fait le bien se consolera, dès ici-bas, de ne pas obtenir tous les résultats désirés. Il est toujours assuré d'avoir réussi, quand il a su plaire à Dieu.

IV

L'ÉDUCATION DU DEVOIR SOCIAL

MESDAMES,

La pratique de la justice et de la charité entre individus n'épuise pas toutes nos obligations sociales.

Dieu, qui a voulu que l'homme vécût en société, a voulu aussi que chacun en supportât les charges et en remplît les fonctions ; autrement la société n'atteindrait pas son but, qui est de subvenir aux besoins de tous, par le nombre des emplois, par la variété des talents et des aptitudes, et par la multiplicité des services qu'elle peut rendre.

Pour réaliser cette fin de toute société, il est indispensable que chacun des membres y accepte sa part de service, et y prenne sa part des charges. Cette participation de tous au bien général est ce que l'on appelle le *devoir social.*

✞

L'existence du devoir social.

S'il existe pour chacun, le devoir social n'est pas toujours le même pour tous. Il varie avec les conditions, avec les ressources, avec les aptitudes ; il pourra être subordonné à d'autres obligations : le pauvre n'aura pas les mêmes charges que le riche, ni l'ouvrier les mêmes devoirs que le patron ; les obligations de la femme ne seront pas celles de l'homme.

Il varie dans ses applications, d'après les circonstances et d'après les services à rendre. Il sera le *devoir civique*, quand il faudra contribuer à l'ordre de la société, et assurer la possession des biens et la sauvegarde des individus ; il sera le *devoir politique* pour ceux qui auront à pourvoir à l'administration et au gouvernement de la société ; la défense du territoire et des institutions nationales sera garantie par le *devoir patriotique*. Le besoin d'instruire et de moraliser le peuple engendrera un *devoir d'apostolat* ; la nécessité de défendre les principes qui sont la condition des sociétés fera naître des *devoirs de défense religieuse et sociale*.

En dehors de ces devoirs spéciaux, tout devoir ordinaire, dont la violation ou l'omission nuirait au bien général, est, dans un sens large, un devoir social, selon le rang et les fonctions de chacun. C'est ainsi que le *devoir professionnel* fait partie du devoir social : il n'est pas indifférent à la société que les diverses professions y soient bien ou mal remplies. C'est ainsi que les devoirs de la famille deviennent aussi le *devoir social,* parce que, si la famille n'est pas ce qu'elle doit être, la société en souffrira. Le travail lui-même a ce caractère, parce que les paresseux nuisent à la société par leur inutilité.

Sous quelque forme que ce soit, le *devoir social* sera donc, pour chacun des membres de la société, l'obligation de contribuer au bien que cette société doit produire, et cela dans la mesure où il possède les avantages et les biens qui peuvent profiter aux autres.

Il n'est personne qui n'ait quelque bien dont il puisse répandre le bienfait autour de soi. Si les uns ont la fortune ou le talent, d'autres auront au moins leur force physique ; ceux-là ont des loisirs, ceux-ci ont leurs souffrances, lesquelles aussi profiteront aux autres, par la résignation dont elles donnent l'exemple et le mérite. Personne n'a le droit d'être riche, instruit ou puissant, uniquement pour soi. Personne même n'a le droit d'être chrétien pour soi tout seul.

Telle est la notion fondamentale qui doit servir de base à la véritable éducation sociale.

✦

Nécessité de le rappeler.

Il faut de bonne heure convaincre l'enfant que, s'il a le *droit* d'occuper, un jour, une place dans la société, il aura, de cette place, le *devoir* de contribuer au bien des autres. S'il ne le fait pas, il privera ceux-ci des services qui leur sont dus, il deviendra un être inutile que la société pourrait abandonner et repousser avec mépris.

Cette doctrine n'est pas nouvelle, mais elle a peut-être trop été mise en oubli chez nous. Il devient plus nécessaire que jamais de la rappeler, dans un temps où les esprits semblent mieux disposés à la comprendre, en face des beaux dévouements dont ils sont les témoins.

Sans doute, la pensée du salut éternel de l'enfant doit tenir et tient en réalité le pre-

mier rang dans votre esprit et dans votre
cœur, mères chrétiennes. Vous avez raison.
Mais laissez-moi vous dire que cette préoccupation ne doit pas vous empêcher de lui
rappeler qu'il existe ici-bas pour une fonction
et pour une mission nécessaire. L'enfant, le
jeune homme, la jeune fille elle-même sont
appelés à un rôle de salut dans la société à
laquelle ils appartiennent.

De bonne heure, l'enfant sera donc mis en
face de son avenir, et des conditions dans
lesquelles il devra le réaliser. De bonne
heure, on lui fera envisager ses responsabilités sociales, c'est-à-dire tout ce que Dieu
lui demandera de faire pour ceux qui vivent
dans la même société que lui.

Bientôt cet enfant commencera sa vie
d'homme, il sera capable de prendre sa place
définitive au milieu de ses semblables ; que
fera-t-il s'il n'a pas été préparé à l'occuper ?

Bientôt cette jeune fille sera appelée au
rôle de la maternité, ce jeune homme devra
fonder un foyer ; que deviendront-ils en
entrant dans la société, s'ils n'ont été pré-
venus ni de leur mission ni de leurs charges,
s'ils ont été élevés dans une conception fausse
de la vie, n'en envisageant que le plaisir et
jamais les nécessaires austérités, s'ils ont

vécu dans l'habitude de tout recevoir des autres et de ne jamais rien leur donner ?

Bientôt peut-être, grâce à la situation de ses parents, à son éducation et à d'autres avantages, ce jeune homme aura charge d'âmes vis-à-vis de quelques-uns de ses semblables ; il pourra être chef d'industrie ou d'entreprise quelconque ; il pourra faire partie des conseils où s'agitent et se traitent les intérêts des travailleurs. Sera-t-il à la hauteur de sa tâche, si dans sa famille on ne s'est pas préoccupé d'en faire un homme de cœur et une âme d'apôtre ? Dans la rue ou à l'atelier, il rencontrera l'homme du peuple, il lui commandera, ou du moins il en fera son collaborateur. S'il n'a pas été habitué à faire oublier, par sa bonté ou ses prévenances, la supériorité que lui donnent sa naissance ou son éducation, il risque de s'en faire un ennemi.

Voilà, pour le dire en passant, Mesdames, la raison d'être de toutes ces œuvres de jeunesse auxquelles nous convions vos enfants, et que plusieurs parmi vous ont tant d'hésitation à accepter. Dans ces œuvres nous formons le jeune homme à sa future mission sociale. Pourquoi ne lui en fait-on pas profiter ?

C'est pour une formation semblable que nous offrons à la jeune fille nos œuvres de persévérance et de charité.

Dans un avenir prochain, cette jeune fille deviendra maîtresse de maison ; elle y aura tout à régler et tout à prévoir. Comment le pourra-t-elle faire si elle n'a été occupée jusque-là que de futilités et de mondanités ? Comment songera-t-elle à se donner, par une inépuisable charité, à tous ceux qui dépendent d'elle, si elle n'a jamais été habituée qu'à tout recevoir ? Si elle n'a eu jusqu'ici que des exigences, comment pourrait-elle rendre des services ? Si sa mère n'a pas eu la sagesse de l'intéresser au bien des autres, en lui faisant prendre une large part aux œuvres de charité et d'apostolat qui sollicitent son concours, il lui manquera toujours d'avoir fait l'apprentissage du dévouement ; et la pratique de cette vertu en sera toujours diminuée chez elle.

Fautes du passé.

Oh ! Mesdames, réfléchissez-y, et vous trouverez là, avec un sérieux examen de conscience à faire une ample explication de

beaucoup des maux qui désolent notre société contemporaine. Si tant d'hommes, si
tant de femmes n'ont trouvé qu'ennuis et déceptions dans la vie, c'est qu'on ne leur avait
pas assez montré la place qu'ils devaient
avoir dans le monde qui les entoure, et le
rôle qu'ils devaient y remplir. Ils s'étaient
imaginés que tout le monde les servirait, et
qu'ils n'auraient qu'à jouir, alors que la vraie
mission de l'homme sur la terre est de servir
son Dieu et ses semblables.

Nous nous plaignons, et à bon droit, de
voir diminuer l'influence des hommes honnêtes et chrétiens; nous gémissons de voir
cette influence accaparée par de vulgaires
sophistes. Les causes de cette situation sont
nombreuses. Mais l'une des principales ne
serait-elle pas que des hommes, même chrétiens, n'ont pas su garder cette auréole de
la charité qui a fait la gloire de l'Église dans
les siècles passés? Honnêtes et sincèrement
chrétiens dans l'intimité de leur vie, ils n'ont
pas assez compris que la charité de Jésus-
Christ devait aller au-devant des nécessités
sociales, encore plus qu'au-devant des besoins individuels.

L'ardeur admirable avec laquelle la jeunesse française donne en ce moment son sang

prouve qu'elle n'a pas dégénéré, et qu'elle sait s'immoler pour le service de son pays. Pourquoi donc jusqu'ici n'a-t-elle pas eu (ayons le courage de le dire) la même ardeur pour les luttes pacifiques qui se sont livrées autour d'elle, luttes de la pensée, luttes de l'influence sociale, luttes de la défense religieuse ?

Ne serait-ce pas que, de ce côté, son éducation a été incomplète ? Il y avait pourtant en elle assez d'ardeur et de générosité : elle le prouve bien. Il lui a manqué une direction.

Revenons sur cette erreur, s'il le faut.

✝

La véritable éducation.

Pour vous, Mesdames, l'un de vos devoirs d'éducatrices est de rappeler sans cesse à vos enfants que Dieu ne les a pas mis dans le monde pour eux seuls ; s'il leur a donné des avantages de naissance, de fortune, d'éducation, c'est surtout pour le bien de la société à laquelle ils appartiennent.

L'enfant est, de très bonne heure, sensible aux raisonnements qui lui donnent ainsi l'explication de sa supériorité sur les autres.

Au lieu de développer en lui la vanité, par la louange excessive du milieu où Dieu l'a fait naître, et de le porter par là au mépris plus ou moins avoué de ceux qui lui sont inférieurs ; au lieu de vanter la fortune qu'on lui laissera un jour, et d'exciter parfois sa cupidité au détriment de son travail et du respect dû à ses parents, ceux-ci doivent lui redire qu'il n'a rien fait pour être mieux traité que les autres, mais qu'une seule explication peut rendre raison des avantages qui lui ont été accordés, c'est qu'ils lui ont été donnés pour le service du prochain et la défense des droits de Dieu.

À l'enfant qui a compris ainsi son rôle et sa mission, il n'est pas difficile de persuader l'obligation de travailler, afin d'être plus à même de répondre aux desseins de Dieu sur lui. À l'enfant, au jeune homme, à la jeune fille, qui ont compris la nécessité de vivre pour les autres, rien ne paraît plus impossible dans le devoir quel qu'il soit. L'avenir n'a rien d'effrayant, ni du côté des hommes auxquels on ne vise qu'à être utile, ni du côté de Dieu sur les grâces de qui on sait devoir compter.

Quelle glorieuse phalange d'âmes vraiment généreuses se formerait, autour de nous, si

l'on prenait soin d'entretenir et de développer ces idées dès la plus tendre jeunesse!
Au lieu de s'en aller à leurs caprices, à
leurs plaisirs, à leur bien-être, comme tant
d'autres l'ont fait ; au lieu d'être les égoïstes
et les inutiles qui avaient trop envahi notre
pays, tous les enfants de la France, forts de
cette éducation, pourraient, au lendemain de
nos épreuves, former l'armée du bien, qui
mettra au premier rang de ses intérêts la
défense de tout ce qui est faible et opprimé,
et cherchera à faire prévaloir en tout et partout les droits de Dieu, les droits sacrés
de la justice et de la vérité. Puissent-ils ainsi
se donner à la France et la guérir vite de ses
blessures, afin qu'elle exerce sur le monde
entier le pouvoir bienfaisant que, avec la
grâce de Dieu, la victoire remettra entre ses
mains !

V

L'ÉDUCATION DU PATRIOTISME

MESDAMES,

C'est à la France que nous songeons tous, quand nous nous préoccupons de voir grandir à nos côtés une jeunesse qui sache comprendre son devoir social.

Car, pour nous, la société dont nous parlons c'est la **patrie**.

L'homme, tel que nous voulons le former, appartient bien aussi à cette société religieuse qu'est l'Eglise catholique. En traitant de l'éducation religieuse de l'enfant, nous vous avons dit comment celui-ci doit être élevé pour remplir les obligations de cette société. L'une n'exclut pas l'autre. S'il est à la fois bon chrétien et bon patriote, il embrassera l'Eglise et la patrie dans les mêmes dévouements, et il les servira l'une par l'autre.

La patrie.

L'éducateur doit *faire connaître et aimer la patrie*, parce qu'elle est le cadre où l'enfant pratiquera la charité et la justice, le territoire où il pratiquera sa mission sociale.

La patrie est faite de tous ceux qu'unissent à la fois la communauté du sol natal, l'échange des relations habituelles, la sauvegarde mutuelle des intérêts et la fidélité aux mêmes souvenirs et aux mêmes traditions, sous la direction d'une même autorité.

La patrie n'est donc pas une simple réunion d'individus et de familles, elle est une organisation ; elle n'est pas une agglomération idéale et passagère, elle est vivante, et sa vie, qui prend racine aux origines de l'histoire, se perpétue à travers le temps, comme elle s'étend sur tout le territoire, avec les mêmes caractères, les mêmes aspirations et les mêmes espérances.

Le lien de cette société est un sentiment qui tient au plus intime de notre être ; nous ne pouvons pas nous faire à l'idée d'en être privés : c'est le *patriotisme*. Il est fait à la fois d'attachement au sol natal, de reconnaissance et de fierté pour le passé de la patrie, et de dévouement à tous ses intérêts.

☦

L'amour de la France.

Qu'un pareil sentiment doive être éveillé de bonne heure au cœur de l'enfant, personne n'en doute parmi vous, Mesdames. Il suffit d'aimer la France comme nous l'aimons tous, pour vouloir la faire aimer.

Il est facile de la faire aimer, cette France que Dieu a faite si belle ! « la plus belle patrie après celle du ciel », comme on l'a si bien dit ; cette France si riche avec son climat tempéré qui lui assure les privilèges de toutes les saisons et de toutes les contrées ; avec ses deux Océans qui lui ouvrent les portes du monde entier et servent à la propagation de son influence nationale ; avec ses beaux fleuves et ses innombrables rivières qui arrosent, embellissent, fertilisent son sol inépuisable ; cette France si belle avec tout son magnifique passé, avec ses quinze siècles de gloire, avec toutes les richesses de son génie, avec toutes les vertus de ses enfants !... Oui, il est facile de l'aimer et de la faire aimer.

Mais quand il faut se dévouer pour la France ; quand il faut lui sacrifier les ardeurs de son tempérament pour les soumettre à une rude discipline ; les commodités et les avantages d'une vie paisible pour y substituer la vie agitée des camps ; les douceurs du foyer domestique, pour les remplacer par l'imprévu de la guerre ; quand il faut lui sacrifier ses affections les plus légitimes, sa jeunesse, son sang et même sa vie, le patriotisme peut paraître coûter à la nature. Cependant c'est jusque-là qu'il doit monter, et c'est jusque là qu'il faut élever l'âme de l'enfant et de l'adolescent pour lui apprendre tout son devoir. « J'avais exalté l'âme de mes hommes jusqu'au sacrifice », disait naguère en mourant l'un de nos plus vaillants officiers bretons.

La leçon de la guerre.

Mères de famille qui restez à vos foyers, chargées presque seules en ce moment de l'éducation de vos enfants, au milieu des larmes que vous arrachent peut-être les deuils, les séparations, les incertitudes et les angoisses, exaltez, vous aussi, l'âme de vos enfants jusqu'au sacrifice.

Aux enfants qui vous interrogent sur le vide qui s'est fait à vos côtés, vous avez de beaux enseignements à donner : vous avez à dire que les pères et les frères aînés sont partis pour défendre la France contre les ennemis qui voulaient envahir son sol et détruire sa prospérité ; et, dans cette seule réponse, votre enfant comprendra à quel point la France doit être aimée, puisque, pour elle, se sont sacrifiés ceux qui lui sont le plus chers. Vous avez à dire pourquoi la France mérite bien qu'on se dévoue pour elle ; et, dans votre réponse, votre enfant apprendra tout ce qu'il doit à son pays, tous les avantages que lui vaut la gloire d'être Français. Vous avez à raconter les traits d'héroïsme de nos soldats ; et, à votre récit, votre enfant sentira son cœur s'enflammer d'ardeur, vous aurez créé en lui une âme de héros. Vous avez à lui dire les malheurs épouvantables de ceux que l'ennemi a vaincus et torturés, et dans la comparaison que vous ferez de ces horreurs avec la magnanimité et la générosité de nos soldats, votre enfant comprendra quelle supériorité possède le Français ; il sera plus fier que jamais d'être

un enfant de France. Ainsi se développera
en lui l'esprit patriotique ; ainsi lui apparaî-
tront plus faciles les sacrifices que la patrie
lui demandera un jour. Il comprendra que le
patriotisme doit, à certaines heures, se traduire dans des sacrifices extrèmes, comme
ceux qui nous émeuvent depuis six mois. Il
verra qu'on ne peut ni les refuser ni les regretter. Il y va du salut de la patrie et de
ceux qui la composent.

Comme le disait tout récemment un de
nos grands écrivains catholiques (1) : « De
secrets désirs pénètrent les enfants, des pensées de piété, de dévouement, de courage,
qu'ils n'auraient pas eus si nombreux dans
un autre temps. Les enfants ne voient pas la
douleur de la guerre, mais ils en devinent
la noblesse. Ils entendent des récits. Ils s'en-
thousiasment vite. Nous ignorons le reste !
Mais ils ont dit déjà, ou bien ils diront un
jour : « Moi je veux être religieux et soigner
les malades ; moi je veux être religieux et
prier pour ceux qui ne prient jamais ; moi
je veux être prêtre et aumônier dans les ar-
mées ; moi je veux être soldat et mourir
pour la France... Mères françaises, vous de-

(1) M. René Bazin.

vez avoir du respect pour ces mots-là, et vous réjouir à cause d'eux... Oui, que les mères comprennent la beauté de leur devoir, et qu'elles laissent les vocations nouvelles grandir dans la liberté et dans l'amour ! Elles ont souffert ; elles seront associées à la renaissance de l'Église de France. »

VI

LA VOCATION

MESDAMES,

Nous n'avons pas dit tout ce que doit être l'éducation sociale et patriotique de l'enfant. Il reste à l'introduire dans la société à laquelle il appartiendra, en l'aidant à y trouver une place, c'est-à-dire en le guidant dans l'étude de sa *vocation*.

⚦

L'enfant doit chercher sa voie.

Sans doute c'est déjà beaucoup d'avoir élevé un enfant dans cette idée que sa vie devra être utile : c'est avoir mis le sérieux dans son esprit, c'est lui avoir donné le sens des responsabilités, c'est avoir préparé des soutiens et des bienfaiteurs à la société.

C'est un immense avantage pour la patrie d'avoir des hommes ainsi prêts à lui donner toutes les ressources d'une éducation solide et étendue.

Mais si l'enfant ne savait pas à quelle place il aura plus tard à servir son pays, s'il s'offrait à le servir, au hasard des occasions, son concours serait bien diminué : souvent même il serait une gêne plus qu'un avantage.

Il suffit de jeter les yeux sur le monde qui s'agite autour de nous, pour constater que le concours mutuel, tel que les hommes se le prêtent les uns aux autres, n'est pas un concours vague, indéterminé, et laissé au libre jeu des circonstances. Partout la société nous apparaît avec une organisation bien réglée, où chacun a sa place et son emploi.

C'est grâce à cela que les services nécessaires sont mieux assurés et mieux harmonisés les uns avec les autres. S'il règne quelques désordres au milieu de cette organisation, ils viennent très souvent de ce que certains hommes ne sont pas à la place où ils devraient être, ou n'ont pas les aptitudes voulues pour la situation qu'ils occupent. Il est donc de toute nécessité que l'enfant cherche de bonne heure à savoir quelle place lui convient et songe à s'y préparer.

Les parents qui s'en désintéresseraient ne pourraient pas avoir la prétention de travailler au bien de la société.

✠

Les vocations.

Aucun parent soucieux du bonheur de ses enfants et du bien général ne peut être indifférent à la question de leur vocation.

Dieu ne jette pas un enfant dans le monde sans avoir sur lui des desseins providentiels, dont la réalisation contribuera à son bonheur éternel. Dieu veut que l'enfant devenu homme aille vers sa fin par telle ou telle voie ; et il distribue en conséquence à chacun les grâces qui lui sont nécessaires. Si l'enfant marche dans une voie opposée à celle que Dieu a voulue pour lui, il s'expose à manquer des grâces indispensables.

On ne peut pas dire que Dieu ait fixé la place de chacun dans telle ou telle fonction sociale déterminée, dans telle ou telle profession. Pour la distinguer sûrement, il nous faudrait une intervention continuelle de Dieu, qui serait le miracle en permanence.

Mais tous les moralistes catholiques reconnaissent que le choix direct de Dieu partage les hommes en deux catégories : les uns (et c'est le plus grand nombre) sont voués à la vie commune de l'humanité, les autres sont appelés à un état plus parfait et plus immédiatement destiné au service de Dieu. Cet état est la vie religieuse ou la vie sacerdotale.

Les dispositions que Dieu met dans l'âme de ceux qu'il appelle, les aptitudes de toutes sortes qu'il leur donne sont le moyen habituel de reconnaître si la vocation vient de lui. *« Qui veut la fin veut les moyens — »* Si Dieu veut faire de cet enfant un prêtre, il lui en donnera les moyens ; s'il donne des aptitudes au sacerdoce, il ne veut pas qu'elles soient inutiles.

✝

Etude de la vocation.

De là la nécessité d'une étude de la vocation. Qui fera cette étude ?

C'est à l'enfant à choisir sa place dans la société, mais c'est aux parents à l'aider dans ce choix. Voici les principes généraux dont les uns et les autres ont à s'inspirer.

Même lorsqu'il s'agit de trouver sa place dans la vie commune, l'homme ne doit pas agir au hasard : il doit choisir la fonction où il rendra le plus de services, étant donné ses aptitudes, ses talents, ses goûts ; mais il subordonnera ce choix à la condition géné-

rale de la sécurité de son salut. Si telle profession devait l'empêcher de se sauver, il
serait tenu d'y renoncer.

Mais, avant d'embrasser une profession,
qui le classe dans la masse des autres
hommes, tout chrétien doit tenir compte du
droit que Dieu possède d'appeler certains
hommes à une vocation spéciale qui les
attache plus immédiatement à son service ;
devant ce droit de Dieu, toute volonté humaine doit s'incliner.

Sauf le cas d'indications contraires évi-
dentes, tout homme devra, par conséquent,
au moins une fois dans sa vie, se demander
si Dieu n'aurait pas sur lui des desseins particuliers. Les parents chrétiens devront aussi
se le demander au moins une fois, pour
chacun de leurs enfants.

Comme ces desseins de Dieu sur l'une de
ses créatures ne peuvent être qu'une exception, par rapport à la multitude de ceux qui
sont destinés à la vie commune et ordinaire,
le plus souvent la question sera vite résolue.
Mais toutes les fois que, du côté de l'enfant,
il y a aspiration même vague à l'état ecclésiastique ou à l'état religieux, ou aptitudes
marquées à ce genre de vie, il n'est pas permis à des parents chrétiens de passer légè-

rement. Si les désirs de l'enfant se manifestent de plus en plus vifs ; si, au jugement
des hommes autorisés, ces désirs sont légitimes, il y aurait faute, de la part des parents,
à s'y opposer. De quel droit refuseraient-ils
à Dieu d'appeler leurs enfants à une vocation
supérieure ? De quel droit refuseraient-ils à
l'Église un concours qui lui est nécessaire,
même pour le bien temporel des sociétés ?
De quel droit refuseraient-ils de laisser leur
enfant occuper une place qui, glorieuse pour
lui, est dans la pensée de Dieu la condition
de son salut éternel ?

C'est à l'occasion de ce choix d'un état de
vie qu'il importe de rappeler aux parents
cette vérité qui domine toute l'éducation et
qui en motive tous les devoirs : les parents
sont pour les enfants, mais les *enfants sont
pour Dieu et pour la société*.

Il ne faut pas que ce principe fasse peur.
Il n'enlève rien à personne de ce qui lui est
dû.

✠

La mère du prêtre.

On ne peut pas dire qu'un enfant donné à
Dieu soit un enfant perdu pour sa famille.

Il est bien peu de mères vraiment chrétiennes qui, dans leurs rêves, n'aient aimé à contempler, à certains jours, parmi les fumées de l'encens et les richesses de l'autel, leur fils transfiguré par la grâce du sacerdoce. Ah ! Mesdames, n'éloignez pas cette vision. Vous avez pour vous la piété, la charité, et bien d'autres vertus ; pourquoi Dieu ne les récompenserait-il pas en vous, en se choisissant des ministres, ou des âmes d'élite, à votre foyer ?

Dieu n'a pas limité ses appels à telle ou telle classe de la société. Trop longtemps l'Église a regretté de voir quelques-uns de ses enfants s'éloigner du sacerdoce ; il se fait déjà un retour qui réparera le passé, et montrera que ce n'est pas Dieu qui se retirait.

Quelle joie c'est, pour une mère, de recevoir la bénédiction d'en haut des mains du fils sur lequel elle a répandu tous les bienfaits d'ici-bas ! La mère de saint François de Sales mettait sa plus douce consolation à recevoir l'absolution de ses fautes de la bouche de son enfant, s'estimant trop heureuse de recevoir la vie de la grâce de celui à qui elle avait donné la vie de la nature. Quelle espérance réconfortante, pour une mère, de penser qu'elle a un fils qui tous les jours répétera, à la messe, le nom de sa mère bien-aimée, et qui parlera d'elle au Dieu qu'il tiendra entre ses mains ! Quand, aux portes du tombeau, elle remettra son âme aux mains sacerdotales de son fils, elle se rassurera à cette pensée que ce fils la recueillera pour la remettre à Dieu ; elle se rassurera et se consolera de toutes les séparations, en pensant que, de toutes ses affections brisées, de tous ses biens évanouis, il restera au moins une voix pour la suivre au delà des abîmes, une voix assez puissante pour la soutenir encore sur le sol de l'éternité et lui venir en aide dans sa détresse possible.

Oh ! Mesdames, n'éloignez pas de vous cette vision. Étendez-la même sur ces généreuses enfants que Dieu vous donne parfois, et que vous semblez avoir plus de peine à sacrifier que vos fils. Si Dieu leur promet de leur rendre au centuple ce qu'elles auront quitté, que ne donnera-t-il pas à la mère qui les lui aura cédées ?

L'épreuve des vocations.

Des âmes chrétiennes comprennent ces choses, et ne songent pas à disputer à Dieu ce qu'il veut avoir. Mais combien cherchent à se faire illusion sur la réalité de certaines vocations !

Un préjugé funeste va répétant partout qu'une vocation aussi élevée que la vocation ecclésiastique ou la vocation religieuse, *a besoin d'être éprouvée* ! Je n'y contredis pas, à condition que par *épreuve* on n'entende pas *étouffement*. Si, par épreuve, l'on entend examen sérieux des désirs et des aptitudes de l'enfant, je l'admets : si, par épreuve, l'on veut dire tentation, je n'y saurais souscrire. Personne n'a le droit d'attendre que Dieu fasse un miracle pour sauvegarder une vocation. Personne n'a le droit de mettre un enfant dans une situation qui va changer ses goûts et ses aptitudes. Est-ce que, pour éprouver la vitalité d'une fleur, vous l'exposeriez aux froides nuits de l'hiver?

Mais, pour l'éprouver ainsi, quelles idées se fait-on donc de la vocation?

La vocation suppose une intention droite d'être à Dieu ; à qui serait-il permis d'essayer de la faire changer? elle suppose des aptitudes acquises, ou au moins commencées, de piété, de pureté, et d'autres vertus ; qui aurait le droit de chercher à les étouffer ? Est-ce éprouver une vocation ou l'étouffer,

que d'essayer de faire prendre à un enfant des
habitudes de vie absolument opposées à
l'idéal qu'il peut avoir? de développer la
mollesse et l'amour du plaisir dans une volonté qui devrait être pétrie d'énergie et de
sacrifice? d'allumer des affections légères
ou mêmes banales dans un cœur qui doit
garder sa pureté? De telles épreuves ne
prouvent pas l'illusion chez l'enfant ; mais
elles montrent jusqu'où elle va dans une
mère qui essaie de se tromper elle-même.

✟

La culture des vocations.

Il est d'autres mères qui, désirant l'appel
de Dieu pour leur enfant, se désolent de ne
pas voir leurs désirs exaucés.

A celles-là je dis : Rassurez-vous, si Dieu
n'a pas jugé à propos de vous donner la faveur que vous sollicitiez ; vos prières n'auront pas été inutiles ; elles auront pu servir
à faire un apôtre quand même.

Mais cependant j'ajoute : Prenez bien garde
de rien faire qui empêche l'effusion des
grâces divines. Vous sollicitez un privilège
pour votre enfant. Faites d'abord tout ce qui

dépend de vous pour qu'il en soit digne. Inutile d'ambitionner cette grâce si vous ne cherchez pas à faire de votre enfant un homme d'énergie et de sacrifice, si vous ne veillez pas sur son cœur, si vous ne lui parlez jamais des sublimités du sacerdoce.

Inutile d'ambitionner le sacerdoce ou l'état religieux, si vous ne vous préoccupez pas de *cultiver* la vocation de votre enfant, c'est-à-dire de faire à cette vocation un milieu où elle vive et se développe à l'aise, dans une atmosphère de piété et de foi ; c'est-à-dire de lui donner les soins et le soutien qu'exige la fragilité de l'enfant, au contact d'un monde qui affecte de mépriser le prêtre et sa mission ; c'est-à-dire encore de lui procurer, dans la sublime vision du sacerdoce, l'idéal de la vie la plus enviable, parce qu'elle est la plus divine.

A qui a ainsi compris la vocation ecclésiastique ou religieuse, il n'est pas besoin de prêcher le sacrifice fait à Dieu. Il suffit de montrer que l'âme qui donne reçoit bien plus qu'elle n'accorde.

———

✝

La vocation du mariage.

Lors même que vos enfants (et ce sera le
cas ordinaire) seront destinés à l'état du mariage, Mesdames, ce sera encore et plus que
jamais votre mission de les y préparer,
puisque vous aurez à assurer la perpétuité de
l'amour de Dieu à votre foyer, dans ceux qui
vous y succéderont.

La préparation des enfants au mariage fait
partie de l'œuvre de l'éducation sociale. Elle
doit être le terme principal de cette éducation. Tout le reste doit y conduire, pour la
plupart des enfants, puisque c'est dans cet
état qu'ils auront à utiliser les vertus que
leur éducation leur aura données. C'est là
surtout qu'ils auront à exercer cette responsabilité dont on leur aura fait sentir tout le
poids, et à pratiquer ces qualités de sérieux,
d'ordre et de dignité qu'une mère prévoyante
n'aura pas manqué de développer en eux.

L'action de la mère se manifestera donc
dans cette préparation éloignée à la vie du
mariage. Mais elle ne s'y restreindra pas.

La mère devra aider ses enfants dans leur

choix. Je dis *aider* ; mais je ne reconnais pas le droit d'*imposer*.

Les parents peuvent opposer leur autorité parfois, à condition que celle-ci ne soit inspirée que par une prudence chrétienne, mais jamais par l'égoïsme ou la vanité.

Les parents doivent surtout aider leurs enfants de leurs prières, soit avant le mariage, soit dans leur nouvel état. Doivent-ils y ajouter leurs conseils ? Oui, incontestablement, pourvu que ceux-ci soient dictés par la charité uniquement et réglés par la prudence.

✝

C'est ainsi, Mesdames, que se fera l'œuvre de Dieu, et que jusqu'au bout la mère aura été la coopératrice de la Providence et l'éducatrice de ses enfants. A celles qui n'auront pas la joie de donner des prêtres à Dieu, il restera toujours la consolation de faire de leur ministère un véritable sacerdoce, c'est-à-dire un moyen de mettre des âmes en relations avec Dieu.

Et c'est ainsi que se couronnera, pour une mère vraiment chrétienne, la mission qu'elle avait reçue. Chargée de rendre cet enfant à son Dieu qui le lui avait confié, après le lui avoir élevé, elle le lui rend dès cette vie, pour qu'il travaille lui-même à l'accroissement de sa gloire dans la place qu'il lui avait destinée.

A des degrés divers, c'est le but auquel doit aboutir toute éducation chrétienne.

Puissent les conseils que je vous ai rappelés, Mesdames, vous y conduire toutes !

TABLE DES MATIÈRES

Pages

II. L'éducation morale de l'enfant.

Vannes. — Imprimerie LAFOLYE Frères.

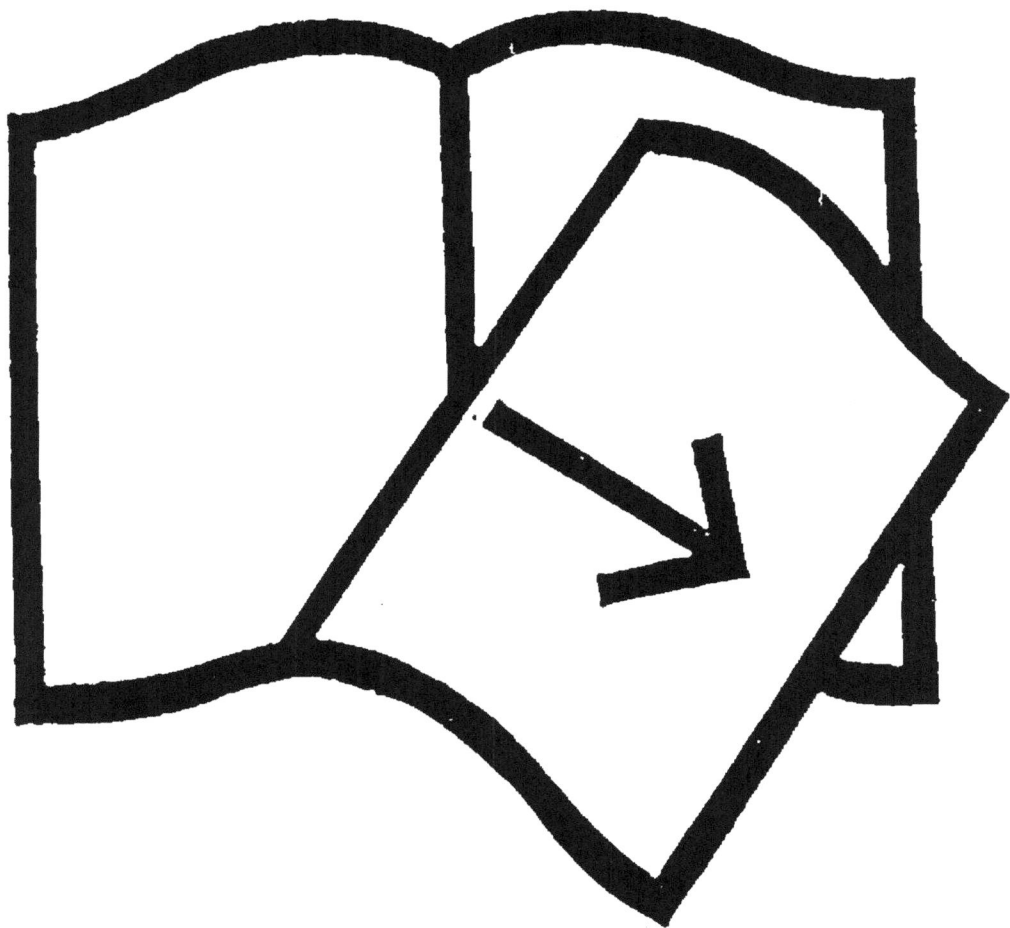

Documents manquants (pages, cahiers...)
NF Z 43-120-13

www.ingramcontent.com/pod-product-compliance
Lightning Source LLC
Chambersburg PA
CBHW071949090426
42740CB00011B/1873